Andreas Modery | Engelbert Kötter

Kompost
für alle Zwecke

Alles was Sie schon immer über nachhaltiges Bio-Recycling
in der Stadt und auf dem Land wissen wollten

avBUCH

Vorwort

Entweder man bekommt glänzende Augen und ein Lächeln des Wissens huscht über das Gesicht oder man rümpft verächtlich die Nase! Ja, das Thema „Kompost" spaltet die Freunde der Garten- und Pflanzenwelt in zwei Lager. Tatsächlich wird der Kompost von manchen argwöhnisch als „Krankheitsschleuder" betrachtet. Doch der Weg vom biologischen Abfall hin zum braunen Gold ist weder krankheitserregend noch stinkend – vorausgesetzt wir beachten ein paar Spielregeln. Für mich als „Gartler" und Hobbykoch gilt die alte Weisheit: „Etwas Gutes kann nur entstehen, wenn man Gutes hinein- und dazugibt!"

Engelbert Kötter

Ja, ich verwöhne meinen Kompost, er bekommt die besten „Ingredienzien" damit ich später auch die beste Komposterde bekomme und damit meine Pflanzen verwöhnen kann. Und für dieses alles werde ich belohnt! Sie gedeihen, blühen und wachsen prächtiger, bleiben gesund und ......nein ich erzähle Ihnen im Vorwort noch nicht alles. Lesen Sie das Buch und lassen auch Sie sich von der Goldgräberstimmung erfassen!

Engelbert und ich haben Ihnen unsere besten Tipps, Erfahrungen, ja auch kleine Tricks in diesem Buch zusammengetragen, damit auch Sie sich in die Reihe der „Goldgärtner" einreihen können!

Inhalt

Kompost:
Ein gutes Gefühl

VERMIGRAND

VERMIGRAND

mattjeacock/istockphoto.com

VERMIGRAND

Erika Hartmann/pixelio.de

VERMIGRAND

Vorbild Natur

Natur, sie kennt keinen Abfall! Nachweislich ist die Kompostierung der älteste Recyclingprozess der Welt. Deshalb müssen an dieser Stelle die alten Griechen und Römer ins Spiel gebracht werden: Homer (circa 800 v. Chr.) beschreibt in seiner Odyssee den Stallmist als Dünger. Aristoteles stellte um 350 v. Chr. seine berühmte Humustheorie („Pflanzen ernähren sich vom Humus") auf, und natürlich darf auch Plinius der Ältere (circa 28 n. Chr.) nicht unerwähnt bleiben … Kurzum: Kompostierung ist keine Erfindung der Neuzeit.

Um Kompostierung zu verstehen, hilft ein Blick in die Natur: Wie eigentlich recycelt die Natur? Schieben Sie bei Ihrem nächsten Waldspaziergang einmal mit dem Fuß ein wenig Laub zur Seite – immer tiefer buddelnd, bis Sie nach rund 30 Zentimetern auf den Erdboden stoßen. Liegt obenauf welkes Laub, bestehen die darunter liegenden Laubschichten aus immer kleiner werdenden Laubbröseln. An der Übergangsschicht zum Erdboden beginnen sich die kleinsten organischen Laubbrösel mit der mineralischen Erdstruktur zu vermischen, und noch weiter in den Boden hineinverfolgt, bleibt von alldem nichts weiter als schwarzbraune Farbe. Da die obersten Schichten des Bodens die jüngsten und die zu unteren die ältesten sind, muss es offenbar einen Umwandlungsprozess geben, der aus Laub zunächst Laubbrösel und später „dunkle Farbe" macht. Und genau diesen Prozess lassen Sie uns nun einmal gemeinsam am Beispiel eines Laubblatts betrachten.

Wie alles zusammenhängt

Der Baustoff Zellulose gewährleistet, dass ein Laubblatt stabil bleibt. Die Zellulose besteht aus einer langen Verkettung von Zucker, und diesen Zucker bastelt sich die Pflanze aus Wasser und Sauerstoff, mithilfe des Sonnenlichts als Energieträger. Zucker ist leicht abbaubar, seine Verkettung ist es nicht. Noch stabiler als Zellulose ist Lignin, der wesentliche Baustoff von Holz. Beim Biorecycling eines Blattes, aber auch von Holz, schaltet die Natur gleichsam den Rückwärtsgang ein: Die Zellulose wird wieder zersetzt und die einzelnen Zuckerstoffe nutzen vor allem Bakterien und Pilze – die wichtigsten Zerkleinerer beim Biorecycling – zur Energiegewinnung, aber auch als Baustoff. Zwar passiert hier und dort auch mechanische Zerkleinerung durch Zerbeißen, etwa von Nagern oder Käfern, das Gros aber erledigen die Kleinen. Bakterien lagern sich an und fressen an allem leicht Verdaulichen, wie Zuckern, Eiweißen (etwa aus den Samen von Hülsenfrüchten) und Fetten (etwa die Wachsschicht eines Blattes).

Den Bakterien folgen die Pilze. Immer weiter zerfällt das Gewebe, das nun, zerkleinert und vorverdaut sowie mit nahrhaften, eiweißhaltigen Bakterien und Pilzen vermengt, zur Nahrung von Würmern und Kerbtieren wird: Kompost-, Mist- und Regenwurm, Nematoden, dazu Asseln, Springschwänze, Milben, Schnur- und Tausendfüßer und Käferlarven. Deren Ausscheidungen werden dann als Nährstoffe, über das Bodenwasser gelöst, von den Pflanzenwurzeln aufgenommen und gelangen von dort in die Pflanze zurück. Was wird dann aus ihnen? Vielleicht ein Blatt? Vielleicht Holz?

Vorgänge beim Kompostieren

Nichts anderes als in der Natur läuft auch im Komposthaufen ab, wobei der Kompostierungsprozess im Fachjargon auch als Rotte bezeichnet wird. Mikroorganismen und Kleinlebewesen fressen und verdauen abgestorbenes, organisches Material wie Halme, Blätter, Zweige. Bei dem Abbau werden verschiedene Mineralien freigesetzt, die wiederum den Pflanzen als Nahrung dienen. Aus dem organischen Material entsteht Humus – des Gärtners Gold! Komposterde hat alles, was Pflanzen wünschen (siehe Seite 10), allerdings in Menge und Qualität abhängig von dem, was da zuvor kompostiert wurde.

Natur kennt keinen Abfall. Am Beispiel Wald wird das Prinzip von „Werden und Vergehen und Werden", der ökologische Kreislauf, deutlich. (Foto: David Alary/fotolia.com)

Viele nützliche Helfer verwandeln organische Abfälle in besten Kompost.

So geht's:

1. Schritt

Wärmeliebende Mikroorganismen wie Bakterien, Pilze und Algen fressen sich erst einmal an leicht abbaubaren Stoffen, zum Beispiel Zucker, satt, die bei den organischen Abfällen im Kompost zuhauf anfallen. In kürzester Zeit vermehren sie sich stark, und weil die Umwandlung der chemischen Stoffe Energie erzeugt, steigt die Temperatur im Innern des Komposthaufens schnell an.

2. Schritt

Je stärker sich der Kompost aufheizt, desto mehr hitzeliebende Mikroorganismen schalten sich zu und die Temperatur steigt noch etwas an. Das Ganze nennt man dann Heißrotte. Bei der Kompostierung im eigenen Haushalt erhitzt sich der Kompost allerdings nicht so stark.

Das liegt daran, dass nicht so viel Material auf einmal anfällt. Der Zersetzungsprozess läuft deshalb etwas langsamer und unvollständiger ab als in größeren Kompostierungsanlagen. Damit im eigenen Garten keine Nährstoffe ausgeschwemmt werden, sät man den Komposthaufen im Herbst deshalb am besten mit Gründüngung ein (siehe Seite 93).

3. Schritt

Sind die Mikroorganismen mit ihrer Abbauarbeit fertig, sinken die Temperaturen auf ungefähr 20 °C. Jetzt haben Kleintiere wie Regenwürmer, Asseln, Schwingschwänze und Milben auch im jetzt abgekühlten Bereich ihren großen Auftritt. Sie alle müssen nicht erst gerufen werden, sie finden den Weg stets alleine zum Kompost. Dort ernähren sie sich von den jetzt noch übrigen Pflanzenresten. Ihre Verdauungsrückstände werden mithilfe der Bakterien zum krümeligen, geruchlosen Dauerhumus.

Die perfekte Abfallverwertung

Bei der Kompostierung nutzen wir den Millionen Jahre alten natürlichen Prozess: Wir sammeln das organische Material und schichten es so auf, dass die Bedingungen für die Mikroorganismen perfekt sind, damit sie schnell und optimal ans Werk gehen können. Diese uralte Form der „Abfallverwertung" ist somit die gebräuchlichste Methode, um nährstoffhaltige Pflanzenreste wieder in den gärtnerischen Kreislauf zurückzubringen.

Wenig bekannt ist, dass die Prozesse im Kompost den Boden reinigen, indem pilzliche oder bakterielle Krankheitskeime abgetötet werden. Wenn in der Umgebung kompostversorgter Wurzeln reiches Bodenleben herrscht, werden Krankheiten verhindert, indem Pilze gar nicht aus der Versporung auskeimen und Bakterien durch ihre Gegenspieler abgeschreckt oder reduziert werden.

Selbst kompostieren

Auf natürliche Weise wandeln Lebewesen in und auf dem Boden organische Abfälle zu wertvollem Pflanzendünger um. Und weil gut ein Drittel der im Haushalt anfallenden Abfälle aus kompostierbaren organischen Materialien besteht, reduziert das Kompostieren Abfallmen-gen und spart Abfallgebühren ein. Hinzu kommt: Sie brauchen kaum mehr Dünger oder Erde zu kaufen. Beim Kompostieren werden auch im Garten die ökologischen Kreisläufe der Natur geschlossen und Ressourcen geschont. Luft und Boden profitieren und es wird Energie gespart – die eigentlich für die Herstellung von Mineraldüngern aufgewendet wird. Es macht Spaß, aus den Abfallstoffen des eigenen Haushalts wertvolle Rohstoffe für neues Pflanzenleben entstehen zu lassen!

Das alles kann Kompost! Er …

… hält Böden durch eine Vielzahl an hilfreichen Mikroorganismen gesund und vermindert Krankheitsbefall.

… sorgt für ein stabiles Bodengefüge und vermindert so Verschlämmung und Erosion.

… erhöht die Bodenfruchtbarkeit durch die Förderung des gesamten Bodenlebens.

… verbessert die Durchlüftung des Bodens. Schwere, tonige Böden werden durchlässiger.

… erhöht das Wasserhaltevermögen des Bodens, der Boden trocknet weniger schnell aus.

… fördert die Erwärmung des Bodens wegen seiner dunklen Farbe.

… absorbiert mineralische Nährstoffe und reduziert Nährstoffauswaschung.

… erhöht durch eine gleichmäßige und ausgewogene Nährstoffzufuhr die Pflanzenverfügbarkeit schwer löslicher Nährstoffe durch die beim Humusabbau entstehenden Säuren und Ausscheidungen der Bodenlebewesen.

Kompost macht den Boden fit!

Mit Kompost werden sandige und somit nährelementärmere Böden ertragreicher, denn er speichert Wasser und Nährelemente. Mithilfe des Komposts werden lehmige Böden luftdurchlässiger und leichter und die Bearbeitung wird deutlich einfacher! Doch nicht nur Pflanzen können Mangelerscheinungen aufweisen, sondern auch Böden. Dies ist dann der Fall, wenn der Boden über viele Jahre hinweg mineralisch gedüngt wurde. Meist haben dabei Stickstoff, Phosphor und Kalium das Sa-

gen gehabt. Viele Gartenböden sind vor allem mit Phosphat überdüngt. Spurenelemente sind dagegen eher rar! Machen Sie eine Bodenprobe, die in speziellen Labors untersucht wird. So erfahren Sie, wie es um den Gartenboden bestellt ist.

Kompost ersetzt gekauften Dünger!

Jeder, der mit Kompost düngt, bringt alle für die Pflanze lebenswichtigen Nährstoffe aus. Darüber hinaus sorgt regelmäßiger Komposteinsatz für eine Verbesserung des Bodenlebens und der Bodenstruktur. Garteneigener Kompost ist also ein ausgewogener, langsam fließender und reichhaltiger Dünger. Aber auch bei Kompost gilt: Er darf nicht unbegrenzt ausgebracht werden.

Komposterde enthält viele Nährstoffe und fördert das Wachstum von Gemüse und Zierpflanzen. Die richtige Menge ist entscheidend. (Foto: BasieB/istockphoto.com)

Kompost ist wertvoll und steckt voller Leben. Eine Handvoll davon genügt, um einen neu ange-setzten Kompost lebendig zu machen. (Foto: duckycards/istockphoto.com)

Kompostgärtner sind Naturschützer

Hand aufs Herz: Wer Erde für seinen Garten, Balkonkasten oder seine Zimmerpflanzen braucht, fährt zum Gärtner oder zum Gartencenter. Dass wir für diesen Transport meist das Auto einsetzen, soll einmal ganz vernachlässigt werden. Vielmehr steht der Schutz der Moore im Vordergrund. Blumen- und Gartenerde enthält in der Regel viel Torf, da er die Erde lockert und zudem eine gute Wasserspeicherfähigkeit besitzt. Doch das „Naturprodukt" Torf abzubauen ist nicht umweltfreundlich: Torf stammt aus den Mooren, die entwässert werden müssen, um sie zu nutzen. Das hat nicht nur die Zerstörung eines wichtigen Lebensraumes für seltene Tiere und Pflanzen zur Folge, sondern sorgt auch für eine enorme Belastung des Klimas, weil Kohlendioxid und Lachgas freigesetzt werden. Verstärk-

ter Humusaufbau im kompostversorgten Boden bindet dagegen viel CO_2 aus der Luft. Somit trägt die Kompostierung zum Moorschutz, Natur- und Klimaschutz bei.

Meckern gilt nicht!

Haben Sie etwa liebe Mitmenschen, die etwas gegen Ihren Kompost einzuwenden haben? Falls ja, dann liefern wir zu den bekanntesten Mecker-Argumenten die perfekten Gegenargumente.

Kompost – nein danke!
Weil ein Kompost …
… immer stinkt.
Ein richtig bestückter und gepflegter Kompost duftet nach Waldboden. Und damit auch Ihr Kompost gut riecht, haben Sie dieses Buch gekauft! Sie finden alle Tipps und

Tricks zum richtigen Kompostieren im Kapitel „Kompostieren – so geht's" (siehe Seite 16). Kompost riecht dann faulig, wenn er gärt, weil er zu wenig durchlüftet, zum Beispiel zu nass ist. Dann muss das Ganze umgesetzt und gegebenenfalls abgedeckt werden. Riecht er nach Ammoniak („Urin-Geruch"), geben Sie beim Umsetzen des Komposts mehr Laub, Stroh oder gehäckseltes Gehölz (also kohlenstoffreiches, nährstoffarmes Material) hinzu.

… immer voller Fliegen ist!
Fliegen kommen nur auf den Kompost, wenn Küchenabfälle für sie leicht erreichbar sind. Deshalb: Küchenabfälle mit trockenem Gartenmaterial, Erde oder reifem Kompost abdecken oder sie in geschlossenen Kompostern (siehe Seite 64) verrotten lassen.

… krank macht und unhygienisch ist!
Ein Kompost beherbergt zwar eine Menge Kleinlebewesen, aber durch die sogenannte Heißrotte wird er beinahe keimfrei gemacht. Durch die Aktivität der Mikroorganismen werden sogar keimhemmende Stoffe produziert – auch ohne Heißrotte. Nicht umsonst wird richtig hergestellter Kompost vorbeugend für die Pflanzengesundheit im Garten eingesetzt. Gut gepflegter Kompost ist also hygienischer als ein Sandkasten!

… Mäuse und Ratten anzieht!
Ein richtig gepflegter Kompost wird nie zum Nager-Treff! Allein schon der Einsatz des Mäusegitters am Komposterboden verhindert den Einstieg der Nager. Wer Essensreste recyceln möchte, kompostiert sie am besten in einem geschlossenen Komposter (siehe Seite 64).

Essensreste gehören nicht auf den offenen Kompost, ansonsten aber so ziemlich alles, was verrottet. (großes Foto: airborne77/fotolia.com; kleines Foto: BobbyM/pixelio.de)

... ein scheußlicher Anblick ist!
Ein Komposter kann einfach kaschiert werden. Und mancher Kompostplatz kann sogar ein Prachtstück im Garten werden, wenn er sich gut gepflegt und mit Blumen und Kletterpflanzen verschönert zum heimeligen Plätzchen entwickelt.

... von uns gar nicht gebraucht wird!
Und womit topfen Sie Ihre Zimmer- und Balkonpflanzen um? Warum nicht mit selbst produziertem Kompost?

... einfach nichts bringt!
Kompostieren gibt ein gutes Gefühl! Schließlich wollen wir nicht nur wissen, was wir essen, sondern auch, wie es gewachsen ist. Mit dem Kompostieren entscheiden wir selbst, was verwendet wird und was nicht.

... immer Schadstoffe enthält!
Schadstoffe entstehen nicht durch die Kompostierung, sondern durch die falschen Materialien, mit denen der Kompost beschickt wird. Also hat es jeder selbst in der Hand, ob die Komposterde schadstofffrei ist oder nicht!

VERMIGRAND   Harald Schottner/pixelio.de   dambuster/fotolia.com

Vom Rohmaterial zum wertvollen Dünger ist der Weg gar nicht so weit, und der wird im Garten, bei Topf- und Zimmerpflanzen gebraucht.

Die Pflanzenflüsterer

Ein Lächeln huscht über das Gesicht des geneigten Lesers: Pflanzenflüsterer! Gut – an den Pferde- und Hundeflüsterer hat man sich bereits gewöhnt. Doch jetzt kommt eine Stufe, die für so manche schwer nachvollziehbar ist: Die Kommunikation zwischen Pflanze und Mensch. Doch so abwegig ist dieser Gedanke nicht! Viele Menschen sind davon überzeugt, dass Pflanzen Gefühle haben, und eine ganze Menge Gärtnerinnen und Gärtner sprechen sogar mit ihren Pflanzen. Und was passiert, wenn man sie dann zudem mit gutem Kompost verwöhnt? Sie danken es auf vielfältige Weise!

Bei den Botanikern hat sich seit einigen Jahren eine Gruppe von Wissenschaftlern gebildet, die einen neuen Forschungszweig etabliert hat, nämlich die Pflanzenneurobiologie (Society for Plant Neurobiology). „Pflanzen haben mehr Sinne, also Sensoren, als wir Menschen. Pflanzen können sehen, hören, sprechen, riechen, schmecken, fühlen und kommunizieren", erklärt Prof. Dieter Volkmann von der Universität Bonn. Die Biologen untersuchten die Wurzelspitzen von Pflanzen und konnten elektrische Signale nachweisen, die über pflanzliche Synapsen schnell von Zelle zu Zelle weitergeleitet werden. So konnte wissenschaftlich belegt werden, dass Pflanzen schmecken können. Landpflanzen können nämlich ihre Wurzeln zielgerichtet zu nahe gelegenen Mineralien wachsen lassen. Ihre Wurzelspitze ist sensibler als jede Feinschmeckerzunge. Komposterde ist deshalb genau das Richtige für sie.

Komposterde lässt Salatköpfe wachsen! (Foto: Th. Reinhard/pixelio.de)

Indem Sie aus dem Beobachten natürlicher Prozesse das Know-how des Kompostierens gewonnen haben, es durch fortwährende Erfahrungen im Garten verfeinern, werden Sie zum Komposttechniker. Vom Komposttechniker mutieren Sie zum Pflanzenversteher, der Kompost zielgerichtet anwendet, damit Bodenleben sich lebendig entfaltet. So greift Ihr kleiner Prozess des Kompostierens in das große Rad natürlicher Lebensprozesse, in dem vitale Pflanzen nur auf vitalen Böden gedeihen. Und schon sind Sie zum Pflanzenflüsterer geworden!

Lucius I. M. Columella (4–70 n. Chr.) verfasste das seinerzeit und lange danach maßgebliche Grundlagenwerk über Landwirtschaft und Gartenbau in der Antike. Daraus gilt noch immer dieses Zitat: „Der Staat darf die Verantwortung für den Boden nur seinen besten Köpfen übertragen." Wie weise – ein wahrer Pflanzenflüsterer!

Kompostieren:
So geht's

focus finder/fotolia.com

Luna/fotolia.com

Patryssia/fotolia.com

VERMIGRAND

VERMIGRAND

VERMIGRAND

Das schwarze Gold des Gärtners

Wenn wir uns bewusst machen, dass auf jedem Quadratmeter Garten durchschnittlich 4 Kilogramm Grünmaterial anfallen, und wenn wir zusätzlich an die ständig produzierten Abfälle denken, dann führt am Komposthaufen kein Weg vorbei! Hier wird aus ehemals bunten Blüten und aus grünen Blättern brauner, duftender Humus. „Der Bauch des Gartens" sammelt und verdaut nicht nur die Reste des vergangenen Gartenjahres, er produziert daraus fruchtbare, frische Erde für kommende Jahreszeiten. Aus dem Vergänglichen kann neues, blühendes Leben entstehen. Dieser immer wiederkehrende Kreislauf des Kommens und Gehens ist kein mechanischer Ablauf, sondern „wurzelt" in der Großartigkeit unserer Natur. Denn das „Schwarze Gold" verbessert das Nährstoffangebot für die Pflanzen und erhöht die Wasserspeicherkapazität des Bodens. Zudem werden dichte, lehmige Böden durch Kompostzugabe aufgelockert und besser durchlüftet sowie sandige Böden in ihrer Struktur wesentlich verbessert (siehe Seite 116).

Der richtige Kompostplatz

Eines muss von Anfang an klar sein: Der Kompost ist kein Wanderzirkus! Er sollte einen festen Platz bekommen. Denn im Boden unter dem Kompost stecken die Reste der letzten Produktion – nämlich Bakterien und Pilze. Diese Brutstelle des Bodenlebens kann für die nächste Humusproduktion gute Dienste leisten!

Leider wird der Kompost meist im hinteren Teil des Gartens versteckt. Doch dieser Platz ist nicht optimal. Küchenabfälle müssen bei jedem Wetter entsorgt werden können. Wie angenehm ist da ein Plätzchen in Hausnähe, das zudem mit einem gepflasterten „Zubringer" (Weg) angelegt ist. Gerade bei Regenwetter werden Sie das zu schätzen wissen! Zudem sollte die „Goldschmiede" weder brennender Sonne noch eisigen Temperaturen, noch austrocknenden Winden ausgesetzt sein. Suchen Sie deshalb einen Platz aus, der Schutz vor extremen Wetterlagen bietet.

Es steht fest:

Nicht jede Ecke im Garten ist für die „Recyclinganlage" geeignet.

Unter schattenspendenden Baumkronen sind die Voraussetzungen ideal, denn Kompostmaterial möchte im Schatten verrotten. Da solche Plätze nicht in jedem Garten zur Verfügung stehen, haben die meisten Fertigkomposter Abdeckungen, sodass der Kompost vor direkter Sonne und zu viel Regen – also zu großer Austrocknung und Übernässung – geschützt ist.

Raue Winde können aber auch abgehalten werden, wenn der Kompost von Hecken und Sträuchern gesäumt wird.

In alten Bauerngärten findet man in der Nähe des Kompostplatzes stets einen Holunder oder Haselnussstrauch, da diese „Begleiter" gute Dienste leisten: Ihr breiter Wuchs schattiert den Komposthaufen, ihre Wurzeln nehmen aus dem Kompost ausgeschwemmte Nährstoffe auf und verwandeln sie in begehrte Früchte. Auch Spalierobst bindet den Kompostplatz nicht nur optisch, sondern auch windgeschützt ein.

Der Boden macht's!

Damit ein Kompost richtig arbeiten kann, ist der Bodenkontakt wichtig, denn von dort können Regenwürmer, Springschwänze & Co. in den Kompost gelangen! Der Boden sollte nach Möglichkeit nicht mit Beton, Steinplatten oder gar Folie abgedichtet sein, es sei denn, Sie kompostieren auf dem Balkon oder der Terrasse (siehe Seite 19). Hierfür gibt es Spezialkomposter oder auch die Regenwurmkiste (siehe Seite 68). Genauso wie die nützlichen Helfer in den Kompost gelangen, können sie sich wieder in die Tiefe verabschieden, wenn die Arbeit erledigt ist oder für sie die Arbeitsbedingungen nicht mehr akzeptabel sind. Zudem würde die stauende Nässe nur Fäulnis produzieren, was ja unbedingt verhindert werden muss.

Ein Kompostplatz gehörte früher in jeden Bauerngarten, und der Holunder war in den Dörfern ein fester Bestandteil. (Foto groß: Schlegelfotos/fotolia.com; Foto klein: emer/fotolia.com)

Kompostieren auf Balkonien!

Sie haben keinen Garten? Sie wollen trotzdem Bioabfälle aus der Küche „verwerten"? Sie wollen selbst besten Humus produzieren? Dann kompostieren Sie einfach auf Ihrer Terrasse oder dem Balkon. Zum Einsatz kommen Wurmkiste (siehe Seite 68), Kompostkübel (KK) und Thermokomposter (siehe Seite 20). Dabei spielt die Ausrichtung Ihres Freisitzes in puncto Himmelsrichtung für eine erfolgreiche Kompostierung keine Rolle. Ideal wäre sicherlich ein halbschattiges Plätzchen – aber viel wichtiger ist die gute Pflege! Damit die Nase nicht beleidigt wird, Fruchtfliegen sich nicht zu Hause fühlen oder gar Kompostiersäfte austreten, heißt auch hier die Zauberformel für die Goldproduktion: Zerkleinern – Mischen – Feuchthalten und Zudecken.

So geht's

1 Zerkleinern: Je kleiner die „Beigaben" in den Komposter wandern, desto größer die „Andockstelle" für die Mikroorganismen, desto rascher ist die „Goldproduktion" beendet.

2 Mischen: Nur keine Klümpchen zulassen! Jede Art von Klumpenbildung ist eine Bildung von Fäulnisherden, die unweigerlich zum Ärger führen: Beleidigung der Nase, Einladung für Fruchtfliegen und Austreten von Kompostiersäften! Wer regelmäßig für zwei Minuten zur Gartenkralle greift und den Kompost vorsichtig durchmischt, wird nie enttäuscht werden!

3 Feuchthalten: Komposter, die auf dem Freisitz der Sonne ausgesetzt sind, brauchen etwas mehr Aufmerksamkeit beim Feuchthalten. Falls Wasser zugegeben werden muss, darf das in kleinen Portionen geschehen – am besten mit einer kleinen Kindergießkanne mit Brauseaufsatz. Nicht vergessen: Nach dem Überbrausen wieder mit dem Krall vorsichtig durchmischen!

4 Zudecken: Ob KK oder Thermokomposter – der Deckel wird nur zum Befüllen und Bewässern und Bearbeiten (Mischen) geöffnet.

Zucchini brauchen Nährstoffe zum Wachsen. (Foto: sepyana/fotolia.com)

Damit der Balkonboden nicht braun verfärbt wird, sollten Sie eine passende Plastikplane unter den Komposter legen! Kiste und Tonne müssen vor Frost geschützt und zum Beispiel in den Keller gebracht werden, denn bei Frost würden die Würmer absterben.

Kompostkübel und Thermokomposter

Einen Komposter für den Balkon können Sie sich auch leicht selber herstellen. Hier eignet sich jeder Kübel mit einer Füllmenge von mindestens 35 Litern. Ideal sind kleine Mülleimer (Kosten circa 35 Euro), da sie von Haus aus mit einem Deckel ausgestattet sind.

So geht's

1 Dieser Kompostkübel (KK) muss zunächst für seinen Einsatz vorbereitet werden – mit einem Bohrer! In den Boden des KK werden mindestens 15 Löcher gebohrt. Flüssigkeit kann so einfach im Untersetzer aufgefangen werden und in den Untersetzer laufen.

2 Auch in die Seitenwände werden alle 20 Zentimeter mehrfache Doppelreihen in die Seitenwandungen gebohrt – je mehr umso besser. Damit wird eine gute Durchlüftung gewährleistet.

3 In den Untersetzer werden schließlich zwei Backsteine gelegt und auf diese wird nun der KK gestellt.

Auch Thermokomposter sind gut geeignet zum Kompostieren kleinerer Mengen. Aber egal ob Kompostkübel oder Thermokomposter – Sie benötigen unbedingt Häcksel- beziehungsweise Schreddergut von Bäumen und Sträuchern, und davon sollten Sie einen Vorrat von ungefähr der Hälfte des Behältervolumens anlegen, damit immer etwas grobes Material zum Mischen da ist. Bestimmt wird Ihnen ein

Einfacher geht's nicht!

Freund oder Bekannter mit Garten gerne etwas Schnittgut zur Verfügung stellen.

Die Humusbox

Wer ein Hochbeet auf Balkon oder Terrasse hat, der kann mithilfe der Humusbox (www.vermigrand.eu) schnell und einfach organische Abfälle entsorgen und ohne großes Zutun schnell zu herrlicher Komposterde kommen. Die Humusbox bietet Ihnen die Möglichkeit, Ihren eigenen Biodünger im Hochbeet zu produzieren. Nachhaltige Verwertung der Küchenabfälle und kleinen Mengen von Gartenabfällen wird so auch auf Dachterrassen und Balkonen möglich!

So geht's

1 Die Humusbox auf der gewünschten Stelle platzieren und die Stelle durch festes Andrücken der Box kennzeichnen. Die Box wieder entfernen und ein ausreichend großes Loch im Hochbeet graben, damit die Box hineinpasst.

2 Die Humusbox in das Loch einsetzen. Die Box sollte etwa 1 Zentimeter aus dem Erdreich herausragen.

3 Den Spalt rund um die Box mit Erde ausfüllen und fest andrücken. Anschließend die Kompostwurmstartpopulation in die Humusbox hineingeben, Deckel drauf und fertig.

Die Humusbox kann zum Beispiel im Hochbeet platziert werden. So können Bioabfälle nachhaltig verwertet werden. (Foto: VERMIGRAND)

Was darf auf den Kompost?

Gerade im Herbst ist man über die „Bio-Recyclinganlage" froh, denn dann fallen Unmengen an Gartenabfällen aller Art aus allen Beeten an: Gemüseabfälle, welke Blumen, Staudenstängel, verbrauchte Erde aus Kästen und Kübeln, aber auch Holzstückchen und Zweige, die zuvor klein geschnitten oder gehäckselt werden müssen. Die sperrigen Materialien zersetzen sich nur langsam, lockern aber die Kompostmischung auf und sorgen für luftige Stellen. Vor allem organische Küchenabfälle gehören auf den Kompost.

Ob Eierschalen auf den Kompost sollen oder nicht, darüber streiten nicht nur die Experten, denn die Gefahr der Salmonellenverschleppung ist nicht ganz von der Hand zu weisen. Am besten, Sie zerkleinern die Eierschalen, damit sie schneller verrotten, geben sie immer in die Kompostmitte und decken sie auch immer mit etwas Erde ab. So ist die Gefahr, dass Salmonellen verschleppt werden, sehr gering.

Das Laub von Harthölzern wie Buche, Eiche, Kastanie oder Walnuss verrottet langsamer als zum Beispiel das von Obstgehölzen, Birken oder Ulmen. Die Gerbsäure der Walnussblätter schadet weder der Rotte noch später dem Boden. Der einzige Nachteil ist, dass der Zersetzungsprozess in der Rotte deutlich verlangsamt wird.

Bei Laub und Gras müssen Sie aufpassen, denn ungemischt oder in dicken und dichten Mengen aufgehäuft bildet sich schnell eine luftundurchlässige Lage,

---

Das kann auf den Kompost:

- Reste vom Gemüseputzen, Kartoffelschalen, Obstreste (bei Südfrüchten nur klein geschnitten, in kleinen Mengen und unbedingt ungespritzt)
- Haare
- Teebeutel
- Unbedrucktes Papier und Pappe
- Kaffeesatz (bei größeren Mengen unbedingt mit Algenkalk überstreuen, denn Kaffeesatz ist sehr sauer und enthält sehr viel Kalium)
- Holzasche (nicht in größeren Mengen)
- Laub
- Abgeschnittenes Pflanzenmaterial
- Rasenschnitt

Das kommt nicht auf den Kompost:

- Kranke Pflanzen, die zum Beispiel mit Kohlhernie, Monilia und Feuerbrand befallen sind. Sie werden selbst bei höheren Temperaturen im Kompost von über 45 °C nicht abgetötet und gehören in den Restmüll.
- Der Inhalt vom Staubsaugerbeutel hat bei der Humusproduktion ebenso wenig verloren wie (aus hygienischen Gründen) die Streu vom „Stubentiger" – auch dann nicht, wenn es Katzenstreu aus pflanzlichen Materialien ist wie Hanfstreu.
- Damit der Komposthaufen nicht zum Treff für Mäuse und Ratten wird, dürfen keine Speisereste – egal ob gekocht oder roh – auf den Kompost, es sei denn, Sie verwenden einen geschlossenen Komposter.
- Windeln, bedrucktes Papier.

Küchenabfälle, die beim Gemüse putzen immer anfallen, sind gut zum Kompostieren geeignet. (Foto: Pixavril/fotolia.com)

wenn alles zusammenpappt. Gerade bei frisch gemähtem Gras ist durch die hohe Feuchtigkeit und fehlende Luftigkeit der Schicht die Gefahr der Fäulnis und der Geruchsbelästigung durch Faulgase besonders groß. Deshalb Gras und Laub möglichst locker mit anderen, trockeneren Abfällen, wie holzigen zerkleinerten Staudenabfällen, vermischen.

Spezialfall Wurzelunkräuter

Kommen Beikräuter zur Blüte und Samenbildung und landen auf dem Kompost, kann es gut sein, dass die Samen bei nicht allzu hohen Temperaturen überdauern und dann mit dem fertigen Kompost auf den Beeten oder in den Töpfen ausgebracht werden. Da wurden die störenden Beikräuter mühsam gejätet, und im nächsten Jahr tauchen sie stark vermehrt wieder auf! Das soll nicht sein. Wird im Kompost eine echte Heißrottephase erreicht, sterben die meisten Beikräuter ab, wenn sie in die Mitte des Komposthaufens gegeben werden. Auch durch eine „Regenwurmdarm-Passage" werden Unkrautsamen zerstört. Durch Gründüngung oder Kürbisse auf dem Komposthaufen, die in ihrem Blattschatten keine Unkräuter aufkommen lassen, wird die Verschleppung von Unkrautsamen ebenfalls verhindert. Hartnäckige Wurzelunkräuter wie Quecke und Giersch sollten nicht kompostiert werden.

Damit zum Schluss beste Komposterde entsteht, muss das Verhältnis zwischen trockenem und nassem, feinem und grobem Material stimmen. (Foto: cjp/istockphoto.com)

Der Aufbau muss stimmen!

Achten Sie auf die richtige Mischung und lockere Schichtung der zu kompostierenden Abfälle. Immer geht es darum, nährstoffreiche feuchte Abfälle, wie Küchenabfälle oder Rasenschnitt, die beinahe 90 Prozent Wasser enthalten, mit nährstoffarmen, trockeneren Komponenten zu vermischen. Gerade das trockenere, strukturstabilere Material sorgt für ein C:N-Verhältnis (siehe Seite 37), das für die Rotte – also die Zersetzung des organischen Materials – und für die Durchlüftung des Komposts günstig ist.

Nachdem die Entscheidung bezüglich des Kompostertyps (siehe Seite 38) gefallen ist und für ihn im Garten das ideale Plätzchen gefunden wurde, kann der Kompost nun aufgesetzt werden. Die Vorgehensweise des Aufsetzens ist dabei typ-unabhängig, hier wird deshalb beispielhaft der Aufbau einer klassischen Kompostmiete beschrieben.

So geht's

1 Das Sammeln: So hat es sich bewährt, zwei Mieten und einen Sammelplatz vorzusehen. Ist der Garten klein, so kann das Material auch in einem luftdurchlässigen Behälter (zum Beispiel einem Drahtgestell ohne Ummantelung) gesammelt werden. Dieses Sammeln ist der erste Schritt für einen perfekten Humus. Das ständig begleitende Motto „Die Mischung macht's" beginnt hier. Denn das nötige Aufsetzmaterial fällt nie an einem Tag allein an. Die Gartenarbeit wie Äste schneiden, Beetpflege, Rasenmähen ist bei jedem Hobbygärtner auf viele Tage im Jahr verteilt. Deshalb wird erst gesammelt, bis genug Rohmaterial da ist, um damit später die Miete aufzusetzen. Um eine optimale Ausgangsmischung gleich am Sammelplatz zu erreichen, ist es sinnvoll, trockenes Material extra zu sammeln und die sogenannten Zuschlagstoffe direkt neben dem Sammelplatz bereitzuhalten. Als Mineralstofflieferant und für die Geruchsbindung eignet sich dazu ein Kübel Steinmehl (mit Deckel!).

2 Die untere Schicht eines neu angelegten Komposthaufens sollte zerkleinerter Baum- und Heckenschnitt bilden – am besten gehäckselt! Dieses grobe, aber locker geschichtete Material ist die perfekte Drainage zu den weiteren „Stockwerken". Denn sie sorgen für eine Art Luftzirkulation und Wasserabzug. Gleichzeitig rieselt bis zum Bodenschluss hinunter so viel Kompostiermaterial durch die Dränschicht hindurch, dass aus dem gewachsenen Boden Würmer und Mikrofauna angelockt werden.

3 Darüber kommen nun die immer gut durchmengten „klassischen" Kompostmaterialien. Dieses Material wird durchmischt und alles Trockene gut angefeuchtet. Bekanntlich rottet nur zerkleinertes Material rasch, deshalb kommen jetzt auch Astschere oder Beil und Hackklotz zum Einsatz, um handliche „handbreite" Stücke zu bekommen.

Kompostieren, das heißt auch immer arbeiten und sich bewegen. (Foto: www.gardena.de)

4 Das Kleingeschnittene wird nun mit den weichen Pflanzenabfällen gemischt. Weiches Material, wie Rasenschnitt, backt schnell zusammen und wird dann statt zu rotten eher faulen. Rein holzige Abfälle verrotten extrem langsam. Deshalb wird aus dem Gemisch (nass und trocken) schnell ein ideales Team für optimale Verrottung. Bringen Sie das gut zerkleinerte und gemixte Kompostiergut über das zuunterst in den Komposter gefüllte grobe Anfangsmaterial aus. Beim Aufschichten darf aber auch die Erde nicht vergessen werden. Vorsicht vor einem Übermaß an Erde, denn dann wird das Luftvolumen erheblich verkleinert und Fäulnis begünstigt.

5 Ist die erste Schicht aufgesetzt und mit den beschriebenen Zutaten versehen, kommt die nächste Schicht aus gut gemischtem Rohmaterial. Wichtig ist, dass diese Schichten immer luftig und locker aufgesetzt werden.

6 So wird nun Schicht für Schicht verfahren, bis die Miete eine Höhe von circa 1,50 Meter hat. Nach einer Woche beginnt sie zu schrumpfen und wird in den nächsten Wochen kaum mehr als 1 Meter Höhe zeigen.

Das Sahnehäubchen

Sobald die Füllhöhe erreicht ist, sollte ein „Mantel" über den Komposthaufen gelegt werden. Ein dünner Mantel, zum Beispiel aus langstieligem Stroh oder altem Heu, schützt den Kompost vor dem Austrocknen. Etwas Steinmehl vermindert unge-

Kompostieren heißt kom-ponieren! Im Komposter wird alles – im wahrsten Sinne der Übersetzung – zusammengetragen. Dabei entscheidet das richtige Rezept! Die Produktion des eigenen Humus lässt sich mit der Kochkunst vergleichen. Deshalb hier ein Geheimrezept: Stäuben Sie nach dem Ausbringen einer handbreiten Schicht Kompostabfälle eine puderdünne Schicht Steinmehl darüber. Das Steinmehl verbessert die Kompostqualität, nimmt Überschussfeuchte auf, puffert entstehende Säuren ab. Steinmehl ist besonders zu empfehlen, wenn viele feuchte Abfälle zum Einsatz kommen, wie Küchenabfälle oder Rasenmähgut! Es bindet zudem üble Gerüche und vermindert den Besuch von Fliegen auf dem Kompost! Statt Steinmehl kann auch Kalk eingesetzt werden. Besonders empfehlenswert ist Algenkalk, aber auch sogenannter Düngekalk kann eingesetzt werden. Auf keinen Fall sollten Sie ungelöschten Kalk verwenden.

wollte Düfte. Ein alter Jutesack oder ein Gartenvlies sind auch gut geeignet. So eingemummelt, kommt die Rotte in der warmen Jahreszeit rasch auf Touren.

Meist ist der Rotteprozess des Komposts bis zum Winter noch nicht abgeschlossen. Da die Mikroorganismen ihre Tätigkeit in der kalten Jahreszeit stark reduzieren, besteht die Gefahr, dass wertvolle Nährstoffe aus dem Kompost ausgeschwemmt werden, das heißt, sie gelangen in den Boden. So gehen diese Nährstoffe der Komposterde verloren. Um das zu verhindern, gibt es einen ganz einfachen Trick: Säen Sie im Herbst Gründüngung auf dem Komposthaufen aus, zum Beispiel Phacelia, Buchweizen, Vogerlsalat oder Tagetes!

Haben Sie Geflügel wie Hühner und Enten im Garten? Dann brauchen Sie ein schützendes Drahtgitter, das über den Kompost ausgebreitet wird. Denn das liebe Federvieh sucht besonders gern im Kompost nach Regenwürmern.

Im Grunde genommen profitieren alle vom Kompost – Boden, Pflanzen, Mensch und Tiere, zum Beispiel das Federvieh. (Foto: acceptfoto/fotolia.com)

Der Kompost-Check

coco/fotolia.com *sherez/fotolia.com* *VERMIGRAND*

Hin und wieder muss der Kompost kontrolliert werden. Er darf weder zu feucht, noch zu trocken sein.

Um den Rotteprozess immer wieder zu optimieren, sollten Sie den momentanen Gesamtzustand des Komposts kennen. Dazu sollten Sie eine kleine Probe ziehen, um eine genaue Auskunft zu erhalten! Nehmen Sie eine Handvoll Erde aus dem Kompost heraus. Diese Masse wird in der Hand zusammengepresst und gequetscht. Falls eine Brühe zwischen den Fingern herausläuft, ist der Kompost zu nass! Die Komposterde sollte etwa die Feuchtigkeit eines ausgedrückten Schwamms haben. Ist der Kompost zu nass, dann besteht akute Fäulnisgefahr. Es muss „Trockenmaterial" wie Stroh, Sägespäne und farbfreies Papier eingearbeitet werden. Die Temperatur im Inneren des Komposthaufens kann mit einem Spezial-Steckthermometer kontrolliert werden.

Der „Gar-Test"

Wie sieht es im Innern des Komposthaufens aus? Sind speckige Schichten entstanden, die alles verschließen? Machen Sie es wie beim Kuchenbacken, wo Sie ein Holzstäbchen in den Kuchen stechen, um zu prüfen, ob er durchgegart ist. Statt eines Schaschlikspießes verwenden Sie beim Kompost einen Besenstiel, der in den Haufen gebohrt wird. Zeigt er nach dem Herausziehen schmierige schwarze Rückstände, so ist dies ein Zeichen dafür, dass die Rotte nicht wunschgemäß abläuft. Im Innern des Komposts beginnt die Masse zu faulen! Die faulige Schicht muss schnellstens auseinandergerissen und gelüftet sowie mit trockeneren, nährstoffarmen Komponenten durchmengt werden. Mit der Grabgabel müssen Sie den Komposthaufen umschichten!

Umsetzen – Muss das sein?

Sobald die Temperaturen im Kompost nach dem Aufsetzen wieder etwas gesunken sind, beginnen Regenwurm & Co. mit ihrer Arbeit. Da die Regenwürmer auch im Herbst noch aktiv sind, ist es nicht sinnvoll, halb fertigen Kompost in der kühleren Jahreszeit umzusetzen. Das wird zwar häufig gemacht, doch richtig ist es nicht. Der Grund liegt auf der Hand: Durch das Umsetzen sinkt die Betriebstemperatur des Kompostes noch stärker ab. Die noch verbleibenden und für Regenwürmer förderlichen Temperaturgrade werden unterschritten. Die Folge davon ist der „Bummelstreik" der Regenwürmer – und in dessen Folge verzögert sich dann die Humusproduktion. Dies gilt natürlich auch, wenn der Kompost zu feucht oder zu trocken ist.

Früher gehörte es zur guten Gärtnerpflicht, die Kompostmiete regelmäßig umzusetzen. Und es stimmt: Der umgesetzte Kompost verrottet schneller und gründlicher. Doch diese Mühen nehmen die meisten Gärtner heute nur noch dann auf sich, wenn der Kompost zu feucht oder zu trocken geworden ist und er beim Umsetzen entsprechend verbessert wird, oder dann, wenn eine Kompostmiete sehr groß angesetzt wurde. Größere Mieten bleiben – sobald sie sich einmal gesetzt haben – luftiger und lockerer, wenn sie nur einmal umgesetzt werden. Mit der Grabgabel schichten Sie das äußere Material nach unten und den inneren Teil nach oben.

Umsetzen oder nicht? – Das ist die Frage. Machen Sie Ihre eigenen Erfahrungen, wann der Kompost am besten gelingt. (Foto: natureniche/istockphoto.com)

Erste Hilfe: So rocken Sie die Rotte!

Der Kompost will einfach nicht rotten? Obwohl alle Wünsche an einen funktionierenden Kompost erfüllt wurden, nimmt er seine Arbeit einfach nicht auf?

1 Das kann zum einen am Wetter liegen. In zu kühlen Sommern fehlt es einfach an Wärme. Das bedeutet: Geduld beweisen.

2 Wenn das Wetter nicht der Grund sein kann, könnten fehlende Mikroorganismen die Ursache für den Stillstand oder die viel zu langsame Umsetzung sein. In diesem Fall lohnt es sich, sogenannte Kompoststarter (siehe Seite 119) einzusetzen, die mithilfe fleißiger Bakterien wie *Bacillus subtilis* (siehe Seite 118) den Rotteprozess schneller ankurbeln. Zum Einbringen muss man lediglich zum Beispiel mit einem Schaufelstiel einige Löcher in den Kompost bohren und die Starterprodukte eingießen.

3 Zeigt der Komposthaufen schimmelige Stellen im Außenbereich, so finden sich meist im Innenbereich ganze Schimmelnester. Dieser weiße Pelzbesatz ist ein deutliches Anzeichen, dass der Kompost zu trocken gefahren wird. Abhilfe: Frisches nasses Material untermischen.

4 Sobald die Nase durch unangenehme Düfte beleidigt wird, haben sich im Innern luftundurchlässige Schichten faulender Abfälle gebildet. Abhilfe: Umsetzen und trockenes Material einmischen.

Die Rotte stärken

Nicht unerwähnt bleiben dürfen biologisch-dynamische Präparate zur Stärkung des Rottevorgangs. Konkret handelt es sich hierbei um Einzel- oder Mischpräparate aus Schafgarbe, Kamille, Brennnessel, Eichenrinde, Löwenzahn und Baldrian. Diese Präparate mit ihren pflanzlichen Inhaltsstoffen werden seit Jahren im Demeter-Landbau zur Belebung der Böden eingesetzt. Als biodynamische Kompostpräparate werden sie nur in kleinsten Mengen in den Kompost eingebracht. Hier sollen sie für eine Erhöhung des Humusgehalts, aber auch für Enzymaktivitäten sowie kräftiges Wurzelwachstum sorgen. Nach Angaben der Produzenten besteht die Wirkungsweise in der Anregung harmonisierender Lebensprozesse. Eine unmittelbare Nährstoffwirkung durch die Präparate liegt nicht vor.

So geht's

1 Mit einem angespitzten Holzstock fünf Löcher (für jedes Einzelpräparat) senkrecht von oben in den Kompost stoßen.

2 Maximal ein halber Kaffeelöffel der Präparate wird mit etwas fertigem Kompost zu einer Kugel geformt und einzeln in je ein Loch gesteckt. Das Brennnesselpräparat kommt in die Mitte. Die Löcher werden gut verschlossen, sodass die Präparate von allen Seiten von Dünger umgeben sind.

3 Vom flüssigen Baldrianpräparat wird maximal ein Kaffeelöffel mit 5 Litern abgestandenem Regenwasser vermischt. Das Ganze wird rund fünf Minuten lang in wechselnder Drehrichtung gerührt und mit der Gießkanne auf der Oberfläche des Komposthaufens verteilt. Anschließend mit Vlies, Erde, Gras oder Ähnlichem abdecken. Von hier aus soll das Präparat seine Wirkung auf den gesamten Komposthaufen ausüben und die Umsetzungsvorgänge anregen.

Ohne Wurm nichts los!

Fehlt es an Regenwürmern? Dier unersetzlichen Mitarbeiter haben ein großes Arbeitspensum zu leisten: Sie sind der lebendige Spaten des Gärtners.

Der Regenwurm dringt metertief in die Erde ein. Sein Röhrensystem schafft Hohlräume, durch die sich Luft und Wasser in der Erde verteilen können. Auch Wurzeln bedienen sich der „Regenwurmautobahnen", um in die Tiefe zu gelangen. Hinzu kommt, dass er ein Leben lang Erde und abgestorbene Pflanzenteile frisst und schließlich kleine Humushäufchen absetzt. In diesen Regenwurmausscheidungen findet man siebenmal mehr Stickstoff, dreimal mehr Kalium, zweimal mehr Phosphat und sechsmal mehr Magnesium als in normalem Gartenboden.
Damit der Einstieg in die Welt des Kompostierens erleichtert wird, kann man Würmer (aus sogenannten Wurmfarmen) auch online im Internet kaufen.

Ein fest installierter Kompostplatz mit drei Boxen ist sehr praktisch. Und die Regenwürmer wandern mit. (Foto: constantgardener/istockphoto.com)

Kompostreife

Ähnlich wie der Kaffeeröster an seinen Bohnen in der Hand allein mithilfe seiner Nase Status und Erfolg seiner Arbeit kontrolliert, macht es der erfahrene Kompostgärtner bei der Überprüfung seiner Komposterde: Er riecht den Reifegrad seines Kompostes! Zugegeben bedarf es für die richtige Einschätzung ein paar Jahre Erfahrung, aber es ist schon ein ausreichendes Indiz, wenn Ihre Nase beim Riechen an der Komposterde von Waldbodenduft verwöhnt wird. Wenn Sie einmal diesen Duft wahrgenommen haben, werden sie ihn nicht mehr vergessen. Die erste wunderbar duftende selbst produzierte Komposterde, das ist ein echtes Glückserlebnis.

Jetzt ist der perfekte Moment gekommen, sie für den Garten zu nutzen. Auch die Augen prüfen mit: Ist der entstandene Humus erdig-braun, ist seine Struktur feinkrümelig, sind die meisten groben Bestandteile ordentlich zersetzt?

Da bekanntlich noch kein Meister vom Himmel gefallen ist, kann die fehlende Erfahrung durch den bekannten Kompost-Reife-Kresse-Test, kurz „KRKT" ersetzt werden. Dieser Test zeigt auch dem Komposteinsteiger problemlos, ob sein Werk bereits als vollendet betrachtet werden darf oder ob sich noch zu viele pflanzenunverträgliche Rotte-Nebenprodukte im Substrat befinden, die erst mit einer Nachrotte oder Reifephase verschwinden.

So geht's

1 Je eine Handvoll Kompost mit etwas Gartenerde mischen, in eine kleine Schale geben und gut anfeuchten.

2 Anschließend Kressesamen dünn auf der „Versuchsfläche" aussäen. Dann die Schale bis zum Keimungsbeginn mit einer Klarsichtfolie abdecken, denn das beschleunigt die Keimung, und an einen hellen Platz mit Zimmertemperatur stellen. Bitte keine direkte Sonne – also kein Südfenster dazu auswählen.

3 Bereits nach zwei Tagen beginnt die Kresse zu keimen, die Folie wird dann entfernt und die Kresse beginnt zu wachsen. Nach fünf Tagen sollten sich tiefgrüne Stängel und Blätter der Kresse entwickelt haben. Das zeigt dann an: Dieser Kompost hat seine perfekte Reife erreicht! Wachsen die Keimlinge hingegen nur zögerlich, verfärben sich die Stängel und Blätter gar gelb oder braun – kurzum entwickeln sie sich irgendwie kränklich –, dann stecken noch zu viel pflanzenunverträgliche Rotte-Nebenprodukte in dieser Komposterde. In diesem Fall heißt es: Der Kompost ist noch nicht fertig. Sie müssen noch etwas Geduld haben.

Machen Sie zeitgleich eine Vergleichsprobe mit bester Anzuchterde, da man sonst nicht sicher weiß, ob es bei schlechter Keimung am Reifegrad oder am Kresse-Saatgut liegt.

Der Reifegrad

Die richtige Anwendung des Kompostes ist von seinem Reifegrad abhängig: Frischkompost ist noch nicht vollständig ausgereift und enthält noch Anteile von schwerer zersetzbaren Holz- und Faserteilen. Er ist aber schon erdbraun gefärbt. Die Nährstoffe im frischen Kompost stehen für Pflanzen sofort zur Verfügung. Frischkompost wird oberflächlich eingearbeitet. Achten Sie außerdem darauf, dass der Boden gut durchlüftet ist, denn die Zersetzung geht jetzt noch weiter und die Mikroorganismen brauchen Sauerstoff für ihre Arbeit. Mit Frischkompost können Sie Kohlarten, Tomaten, Kürbis und Frühkartoffeln düngen, also Gemüse, das viele Nährstoffe benötigt (siehe Seite 92). Setzen Sie den frischen Kompost aber nie bei jungen und empfindlichen Kulturpflanzen ein, da er Hemmstoffe enthält, die das Wurzelwachstum empfindlich stören.

Reifekompost hat eine sehr gute Qualität erreicht. Er ist jetzt feinkrümelig und nicht mehr so grob wie Frischkompost. Schwer abbaubare Substanzen werden in diesem Stadium aber noch weiter zerlegt und zu Huminstoffen umgewandelt, die auch für die typische dunkelbraune Färbung verantwortlich sind. Diese Stoffe sind nicht nur in Ton-Humus-Komplexen essenziell, sondern auch in der Lage, Nährstoffe zu binden und sie so vor Auswaschung zu bewahren. Reifekompost ist der wertvollste Dünger für den Garten. Die Menge an auszubringendem Kompost richtet sich danach, wie viele Nährstoffe die Pflanzen als Starkzehrer oder Schwachzehrer (siehe Seite 93) brauchen.

Beim Altkompost, also Reifekompost, der über ein Jahr gelegen hat, werden immer mehr wasserlösliche Nährstoffe ausgewaschen. Er verliert also an Düngewert, kann aber durchaus noch verwendet werden. Wer damit ausschließlich düngt, sollte aber den niedrigeren Nährstoffgehalt bedenken.

*Reifekompost enthält viele Nährstoffe, Tonmineralien und ist reich an Ton-Humus-Komplexen. Er ist ideal zum „Beimpfen" von neuem Kompost. (Foto: **Кирилл Рыжов**/fotolia.com)*

Der Wurmkompost

Regenwürmer sind beim Kompostieren ja eigentlich immer mit dabei. Aber man kann auch ganz gezielt mit Regenwürmern kompostieren und dann den wertvollen Wurmkompost bekommen. Mit der Wurmbox (siehe Seite 71) gelingt das zum Beispiel sehr gut. Es gibt einige vertrauenswürdige Anbieter im Internet (siehe Bezugsquellen), bei denen man Kompostwürmer gezielt bestellen kann. Die Mengen an Würmern für den eigenen Kompost erfragen Sie am besten beim Anbieter.

Auf die Heißrotte sollte man beim Wurmkompostieren verzichten, aber im Garten wird sowieso eher selten eine so starke Erhitzung des Komposthaufens erreicht. Würmer fühlen sich wohl in Temperaturen bis 25 °C. Aus diesem Grund sollte auf größere Mengen frischen Rasenschnitts verzichtet werden, der sich stark aufheizen kann.

Ein Wurmkomposthaufen sollte stets feucht sein, im Sommer deckt man ihn deshalb besser ab, und zwar am besten mit unbedruckter Pappe, denn darauf kann wieder neues organisches Material gegeben werden und die Würmer vertilgen die Pappe gleich mit. Derzeit bestimmen zwei Produkte bei der Wurmkompostierung den Markt: der Etagen- oder Ebenenkomposter und die sogenannte Wurmkiste (siehe Seite 68). Die Ebenenkomposter sehen wie große ineinander gestellte „Töpfe" aus. Der unterste ist der Auffangbehälter für die Sickerflüssigkeit (mit Ablaufhahn), darauf folgen meist drei ineinandergesteckte, abnehmbare Ebenen. Der Boden dieser einzelnen Ebenen ist mit vielen Löchern versehen, sodass die Würmer von Ebene zu Ebene wandern können. Die Ebenen werden schließlich langsam mit kompostierfähigem Material gefüllt. Sobald die Kompostwürmer in der oberen Ebene angekommen sind, kann dann aus der untersten der fertige Wurmhumus entnommen werden.

Ein Spezialfall beim Regenwurmkompost ist übrigens die Regenwurmkiste (siehe Seite 68).

Bei der durchmischenden und zersetzenden Arbeit der Mikroorganismen entstehen aus Huminstoffen und Tonmineralen Ton-Humus-Komplexe. Sie verbessern viele Bodeneigenschaften, zum Beispiel die Krümelstruktur, das Wasserhaltevermögen und die Durchlüftung.

Die Kompost-Frühjahrskur

Allzu oft sieht man, dass Komposterde bereits im Herbst auf die Beete gebracht wird. Das ist aber nur sinnvoll, wenn darüber eine Mulchschicht aus Gras, Heu, Pflanzenresten oder Laub gelegt wird. Unter diesem Mantel können Kleinlebewesen und Bodenleben gut geschützt auch in der kalten Zeit aktiv bleiben. Deutlich langsamer zwar, aber so wirkt Kompost positiv auf die Bodengesundheit ein. Obstbäume, Beerenobst und Sträucher bekommen mit Beginn des Austreibens ihre Ration. Der Rasen wird erst Ende März/Anfang April, wenn er einigermaßen abgetrocknet ist, mit feingesiebter Komposterde verwöhnt.

Kompost für Spezialisten

Bei Laubkompost und Strohkompost handelt es sich um zwei ganz spezielle Komposttypen.

Laubkompost

Laubkompost ergibt die feinste aller Komposterden und wurde traditionell von Gärtnern für Blumenerdemischungen eingesetzt. Dabei müssen unter das stickstoffarme Laub andere stickstoffreichere Gartenabfälle (wie Obst- und Gemüseabfälle, Rasenmähgut), wahlweise Hornspäne oder Pflanzenjauchen (zum Beispiel Brennnesseljauche) gemischt werden. Besonderes Augenmerk muss zudem auf den Feuchtigkeitshaushalt dieser Kompostmischung gerichtet werden.

So geht's

1 Vor dem Kompostieren wird das Laub mit dem Rasenmäher geschreddert. Fahren Sie dazu einfach mit dem Rasenmäher über das am Boden liegende Laub. Diese Zerkleinerung ist besonders bei trockenem Laub vonnöten, das recht wasserabweisend ist. Gerade bei Eichen-, Nuss-, Platanen-, Kastanien- und Buchenlaub ist diese „Vorbehandlung" sehr wichtig!

2 Das gehäckselte Laub wird beim Ansetzen des Kompostes mit rund 20 Prozent groben Gartenabfällen, wie etwas Häckselgut, und Frischkompost gemischt. Dieses Strukturmaterial sorgt für die nötige Luftzufuhr und verhindert das „Zusammenpappen" der Laubmengen.

3 Für den notwendigen Stickstoffgehalt werden Rasenschnitt, Kleintiermist oder Hornspäne zugesetzt. Wenn die Mischung zu trocken ist, kann Pflanzenjauche (zum Beispiel von Brennnesseln) zum Befeuchten eingesetzt werden.

4 Die Kompostmiete wird jetzt mit einem Gartenvlies oder Jutesack zugedeckt, bei den verschiedenen anderen Kompostertypen (siehe Seite 38) wird der Behälter mit einem Deckel verschlossen.

5 Noch vor Einbruch des Winters wird der Laubkompost ein erstes Mal umgesetzt und bei Bedarf befeuchtet. Klebt er wider Erwarten zusammen, geben Sie noch etwas grobes Häckselgut dazu. Im Frühling wird dieser Vorgang wiederholt. Im nächsten Herbst kann dann der sehr feinkrümelige Laubkompost entnommen und mit ebenso viel Erde vermischt für Topfpflanzen verwendet werden.

Strohkompost

Strohkompost eignet sich insbesondere für Erdbeeren, Gelbe Rüben (Karotten, Möhren) und Zwiebeln.

So geht's

1 Das Stroh wird zerkleinert und in einer Kunststoffwanne (oder alten Badewanne) mit Wasser übergossen und einige Tage lang „gebadet".

2 Danach setzt man es in 30-Zentimeter-Schichten, zwischen die jeweils eine dünne Kompostschicht kommt, zu einer Miete auf. Der Komposthaufen muss regelmäßig befeuchtet werden. Begießen Sie den Kompost immer mal wieder mit Brennesseljauche, das fördert die Umsetzung.

Für eine Brennnesseljauche wird das Kraut gut zerkleinert und mit Regenwasser begossen in einem Eimer angesetzt. Der Eimer wird an einen (weit vom Haus entfernten) sonnigen Platz gestellt und einmal am Tag umgerührt. Um die dabei entstehenden gewaltigen „Duftwolken" zu reduzieren, sollten Sie unbedingt eine Handvoll Steinmehl zufügen. Nach rund zwei Wochen ist die Jauche fertig. Sie hat sich braun verfärbt, schäumt nicht mehr und ist einsatzbereit.

Strohkompost eignet sich insbesondere für Erdbeeren, Gelbe Rüben (Karotten, Möhren) und Zwiebeln.

Stroh ist ein sehr trockenes Material, ohne Feuchtigkeit verrottet es nicht. (Foto: Carola Schubbel/ fotolia.com)

Das C:N-Verhältnis

Arbeiten Sie noch oder lassen Sie arbeiten? Beim Kompostieren ist die Antwort klar! Sie lassen arbeiten – und das zum Nulltarif! Milliarden Mikroorganismen sorgen dafür, dass die Rotte im Kompost ihren harmonischen Verlauf nimmt. Voraussetzung für diese Arbeit ist die optimale Versorgung mit Sauerstoff, Wasser, Kohlenstoff und Stickstoff. Stickstoff ist für die Abfälle zersetzende Mikroflora notwendig, um körpereigenes Eiweiß zu bilden und sich eifrig vermehren zu können. Für diese Arbeit und Vermehrung wird Energie benötigt, die wiederum der Kohlenstoff liefert. So brauchen Mikroorganismen 30 „Einheiten" Kohlenstoff, um eine „Einheit" Stickstoff zu verwerten. Oder, für Hobbyköche verständlich ausgedrückt: Der Kohlenstoff liefert den Mikroorganismen die Energie, die sie brauchen, um ihren Herd zu erhitzen, auf dem sie ihre „Nährsuppe" kochen können. Dabei brauchen sie 30 „Energieeinheiten", um einen Topf „Stickstoff-Eiweiß" zu kochen. Das optimale Stickstoff-Kohlenstoff-Verhältnis (C:N-Verhältnis) ist somit auf 30:1 festgelegt.

Kohlenstoff und Stickstoff

Um eines müssen sich die Mikroorganismen nie sorgen: den Kohlenstoff! Er steckt in jedem Blatt, Ast, Halm – kurz in jedem organischen Material. Doch wie sieht es mit dem Stickstoff aus? Welches

Das C:N-Verhältnis ist das A und O für eine optimale Rotte. Bei einem engen Verhältnis läuft die Umsetzung des Komposts schnell ab. Je weiter das Verhältnis ist, umso langsamer geht das Ganze. In Hochmooren ist das C:N-Verhältnis im Boden übrigens sehr weit, weshalb Moorleichen so lange überdauern und über Tausende Jahre meterdicke Torfschichten entstehen können.

Material bringt welche Menge an Stickstoff? In der Regel bringen frische, grüne Abfälle genügend Stickstoff mit.

Kompoststoffe und ihr C:N-Verhältnis (die Zahl gibt an, wie viel Mal mehr Kohlenstoff als Stickstoff in einem bestimmten Material vorhanden ist):

frische Gartenabfälle (Grünmasse)	7
Rasenschnitt	12
Stroh von Hülsenfrüchten	15
Küchenabfälle	23
Laub	50

Komposttypen

www.backofen-parchim.de

Erika Hartmann/pixelio.de

VERMIGRAND

Neudorff

constantgardener/fotolia.com

jackwusel/fotolia.com

Das müssen Sie wissen!

Wer es nicht so genau nimmt, wirft alles Kompostgut auf einen wilden Haufen? Der ordentliche Gärtner nimmt für schnelleres Kompostieren einen Thermokomposter? Hört sich beides schlüssig an. Die Sache ist aber vielschichtiger – und so gar nichts für vorschnelle Entschlüsse.

Die Auswahl eines für Ihre Anwendungszwecke geeigneten Komposters liegt buchstäblich bei Ihnen. Es ist nämlich nicht damit getan, einen im Handel auszuwählen und sich dabei von scheinbar schlüssigen (Verkaufs-)Argumenten (ver-)leiten zu lassen. Natürlich bietet ein Thermokomposter zunächst einmal Vorteile gegenüber einer simplen Kompostumrandung aus Pfosten und Steckelementen. Aber egal, wofür Sie sich im Einzelfall entscheiden: Sie kaufen mit einem jeden Komposter nur die Rahmenbedingung, keine fertige Lösung.

> Jeder Komposter funktioniert – abgesehen von seiner technischen Warenqualität – nur dann zufriedenstellend, wenn Sie es verstehen, richtig zu kompostieren. Und das wiederum geht nicht schnell und unbedacht.

Kompostieren macht Arbeit

Wie das Autofahren verlangt auch das Kompostieren eine Reihe von Handgriffen, und zwar in der richtigen Reihenfolge. Rottevorgänge benötigen in der Natur ihre Zeit. Durch entsprechende Technik lässt sich die Rotte modifizieren und steuern, sogar moderat beschleunigen. Aber von nichts kommt auch hier nichts. Planlos Schichten von organischen Abfällen aufzutürmen, so funktionieren bestenfalls die Basics des Kompostierens.

Daher die klare Ansage: Kompostieren macht Arbeit. Ihr Wunsch, sich auch im Garten nachhaltig zu verhalten und deswegen Haus- und Gartenabfälle zu kompostieren, ist zunächst einmal ebenso sinnvoll wie richtig. Die Art und Weise, wie Sie das tun, muss aber zu Ihnen passen, zu Ihren Vorstellungen, Ihrer verfügbaren Zeit und dem, was Sie leisten können. Bedenken Sie das nicht, werden Sie schnell Ihre guten Vorsätze über Bord werfen und das Kompostieren sein lassen. Alle Vorleistungen und Einkäufe sind dann sinnlos „verpulvert".

*In Thermokompostern gelingt die Umwandlung von organischen Abfällen zu wertvollem Mulch-
kompost etwas schneller, da die Seiten doppelwandig isoliert sind. (Foto: Neudorff)*

Eile mit Weile

Das Rasenmähen können Sie durch ein
Gerät mit größerer Schnittbreite schneller erledigen. Haben Sie einen Rasenmäher mit Grasfangkorb gekauft, ersparen Sie sich das Abharken des Rasens
nach dem Mähen. Die Pflasterflächen
rund um Haus und Hof sind mit einer
Kehrmaschine schneller als mit einem
Besen gereinigt. Ein Thermokomposter etwa ist jedoch nur dann effizient
und erfüllt ausschließlich dann seinen
besonderen Zweck, wenn Sie ihn seiner Funktion entsprechend bestücken.
Eventuell reicht aber schon ein norma-
ler Steckkomposter völlig aus.

Beim vorschnellen Kauf eines Komposters haben Sie schnell einmal 100 Euro
und mehr versenkt. Nehmen Sie sich
lieber etwas Zeit für die Entscheidungs-
findung, dann haben Sie am Ende „Geld
verdient", indem Sie zu den passenden
Entscheidungen gefunden haben.

Die Ausgangslage

Beantworten Sie sich dazu im Folgenden
vier Fragen:

1 Wie viel kompostierbares organisches
Material fällt jährlich an?

2 Wie viel fertigen Kompost können Sie wofür verwenden?

3 Wie viel Fläche steht zum fachgerechten Kompostieren zur Verfügung?

4 Welchen Aufwand können und wollen Sie leisten?

Abfallmengen und Gartengröße

Folgt man der Statistik, so fallen in einem Haushalt pro Person und Jahr etwa 150 Liter kompostierbare Küchenabfälle an, das sind etwa ein knapper halber Liter netto am Tag. Je nach Ernährungsgewohnheiten gibt es bei eher pflanzlich orientierter Ernährung durch das Gemüseputzen auch mehr Abfälle. Wenn Sie damit Kleintiere wie Hühner, Enten, Gänse oder Stallkaninchen füttern, reduziert sich dieses Volumen natürlich beziehungsweise es verschiebt sich in Richtung Kleintiermist.

Auch die Gartengröße spielt in die Überlegungen mit hinein, denn pro Quadratmeter Gartenfläche, egal ob Gemüsebeet, Rasenfläche oder Zierstrauchhecke, fallen jährlich noch einmal etwa 5 Liter zerkleinerte Gartenabfälle zum Kompostieren an.

Ein Vier-Personen-Haushalt hat auf seinem 200-Quadratmeter-Grundstück jährlich ein Kompostgutvolumen von, grob gerechnet, 4 x 150 Liter = 600 Liter plus 200 x 5 Liter = 1 000 Liter, zusammen also 1 600 Liter zu rechnen. Das sind jährlich etwa anderthalb Lattenkomposter (siehe Seite 41) voll.

Nun fällt das Kompostgut nicht alles auf einmal, sondern über das Gartenjahr verteilt an. Bis davon also der letzte Eimer voll auf den Kompost getragen ist, ist alles vorherige schon verrottet oder angerottet und zusammengesackt. Bei der vollständigen Verrottung verliert das Kompostiergut etwa die Hälfte seines Volumens, sodass von 1 600 Litern (etwa 1,6 Kubikmeter) Abfall nur rund 800 Liter Kompost (etwa 0,8 Kubikmeter) übrig bleiben.

Um diese Menge aufzunehmen, reicht ein Lattenkomposter von 1 Quadratmeter Grundfläche und 80 Zentimetern Höhe. Der ist dann randvoll!

Vor der Anlage und Inbetriebnahme des Kompostplatzes muss klar sein: Wie viel Kompost wird überhaupt benötigt? (Foto: alho007/ fotolia.com)

Soll kein Frischkompost verwendet werden (siehe Seite 32), sondern Reifekompost (siehe Seite 33), wird der Komposter längere Zeit in Beschlag genommen sein. Deshalb ist es sinnvoll, einen Komposter pro Haushalt immer doppelt so groß wie das jährlich kalkulierte Kompostaufkommen zu wählen. Im oben begonnenen Beispiel bedeutet das, zwei Lattenkomposter von je 0,8–1 Kubikmeter oder größer aufzustellen. Während der jüngere dann fortlaufend bestückt wird, reift der ältere seiner Verwendung entgegen und wird danach für die Nutzung im Folgejahr frei.

Graphies.thèque/fotolia.com *PackShot/fotolia.com* *Friedberg/fotolia.com*

Nicht immer muss der Kompostplatz in einer hinteren Ecke stehen. Wichtig ist, dass er gut erreichbar ist.

Maß und Ziel

Ist alles ideal verlaufen, dann liegt am Ende des Kompostierens ein reifer, fertiger, nach Waldboden duftender Kompost vor. Das könnten tatsächlich 500 oder gar 800 Liter Komposterde (also 50 bis 80 10-Liter-Eimer voll) sein, die rund um Haus und Garten untergebracht werden müssen.

Nun hat Kompost zwar „Öko-Anmutung", aber er ist und bleibt mit seinem meist hochwertigen Nährstoffgehalt ein Gartendünger, der nicht in Unmengen ausgebracht werden darf. Nicht „viel hilft viel" ist angesagt, sondern „Maß und Ziel". Das Ziel ist die sachgerechte Ernährung der Pflanzen, von der Blumenzwiebel bis zum Blumenkohl, und jede Pflanzenart hat ihre Ansprüche an Nährstoffzusammensetzung und -menge. Daraus ergibt sich das Maß der Düngung mit Kompost (siehe Seite 76).

Was Sie noch bedenken müssen

1 Viele Gartenböden sind mit dem Nährstoff Phosphor übersättigt, schon deshalb ist auch bei Kompostgaben immer vorsichtiges Handeln angesagt.

2 Kompost sollte immer so ausgebracht werden, dass er auch pflanzenverfügbar ist und von den Pflanzen tatsächlich aufgenommen wird. Sonst waschen Niederschläge den Dünger in tiefere, von Pflanzenwurzeln nicht durchflochtene Bodenschichten aus.

Je nach Gartenpflanzengruppe (zum Beispiel Stauden, Gemüse, Blumenzwiebeln, Rasen, Gehölze) beträgt der Kompostbedarf pro Jahr etwa 2 bis 3 Liter pro Quadratmeter. Nimmt man im Schnitt 3 Liter an, sind das etwa 600 Liter Kompost, die in einem 200-Quadratmeter-Garten ohne Überdüngung des Bodens untergebracht werden müssen. Fallen 800 Liter Kompost an, haben Sie sogar eher einen Mengenüberhang, den Sie beispielsweise verschenken können. Apropos verschenken: 800 Liter Kompost haben, verglichen mit dem Zukauf aus einem Kompostwerk, einen Netto-Beschaffungswert von rund 40 Euro, wenn 1 Liter 5 Cent kostet.

Der Platzbedarf

Komposter brauchen einen Platz und sollen sich wenn möglich in den Garten einpassen. Möglicherweise kollidiert das mit dem Anspruch an die eigene Gartenästhetik; die Problematik ist besonders bei sehr „stylischen" Gärten nicht ganz einfach zu lösen. Komposter lassen sich durch Sichtblenden (wie Flechtmattenzaun oder Hecke) zwar kaschieren. Je kleiner aber ein Garten ist, desto weniger gern mag man davon möglicherweise für Funktionsflächen hergeben.

Bei dem oben genannten Beispielshaushalt ist es sinnvoll, zwei Lattenkomposter à circa 1 Kubikmeter Volumen aufzustellen. Das erfordert jeweils 1 Quadratmeter Stellfläche, also insgesamt 2 Quadratmeter.

Wie viel Kompost benötigen die Pflanzenarten? Das müssen Kompostgärtner wissen. (Foto: AmmentorpDK/istockphoto.com)

Eine gute Ausstattung mit Werkzeug und leichten Transportbehältnissen macht die Arbeit bequemer. (Foto: Ralph Maats/fotolia.com)

Das wird gebraucht

1 Um nasse und trockene Gartenabfälle für eine fäulnis- und schimmelfreie Verrottung passend zu mischen und sie auf dem Kompost aufzubringen, ist neben dem Kompost eine Lagerfläche für Säcke, zum Beispiel mit trockenem Häckselgut, sowie für Wannen mit nassen Gartenabfällen sinnvoll. Je nach Stapelhöhe reichen dazu 1,5 Quadratmeter. Bis hierher hat also der Kompostlagerplatz des Beispielgartens eine Größe von 3,5 Quadratmetern.

2 Eine Schaufel hat, samt Schaufelblatt, eine Länge von rund 170 Zentimetern. Um also vor einem Kompostlagerplatz halbwegs komfortabel arbeiten zu können (wie Häckslerstellplatz, Häckselarbeiten, Kompost umsetzen, absieben, auf die Schiebkarre laden), empfiehlt sich vor ihm eine freie Arbeitsbreite von etwa 1,5 besser 2 Metern Tiefe. Das entspricht einem Platzbedarf von 2 x 3,5 Metern, also 7 Quadratmetern. Komposterstellplatz, Kompostlagerplatz und Kompostarbeitsplatz kommen damit in diesem Berechnungsmuster auf etwa 10 Quadratmeter Platzbedarf für die gesamte Kompostierfläche.

Das „Kompost-Handling"

Das Kompostieren ist nicht damit erledigt, dass irgendjemand in Ihrem Haushalt „mal eben schnell" den Biomülleimer über dem Komposthaufen ausleert. Schon allein das sollte sachgerecht ausgeführt werden, um üble Gerüche zu vermeiden (siehe Seite 12). Nehmen Sie sich also die Zeit, die es eben dazu braucht. Wie auch dazu, die Rotte im Kompost zu steuern und zu überwachen, den Kompost gegebenenfalls umzusetzen und dann im Garten auszubringen.

Die Entscheidung, selbst zu kompostieren, zieht also einen „Rattenschwanz" an Konsequenzen nach sich. Dennoch: Es ist die richtige Entscheidung.

Kompostieren ohne Komposter

Es gilt an dieser Stelle, einmal die gängigen Bilder im Kopf, wie sie sich beim Begriff Kompost sofort in all ihrer Vielfalt einstellen, neu zu ordnen. Braucht man zum Kompostieren einen Komposter? Beim Kompostieren geht es im Kern um zwei Dinge: Um das Recyceln organischer Stoffe, die dazu zerkleinert und biologisch aufbereitet werden. Dazu bedient man sich verschiedener Techniken, die wiederum diverse Kompostierformen und Kompostiergeräte nach sich ziehen.

In den einfachsten Fällen kommen Sie ganz ohne Komposter aus. Immerhin ist die Technik des Kompostierens weitaus älter als diejenige der Kompostiergeräte!

Organische Abfälle werden auch ohne Komposthaufen zwischen den Beeten, in Gruben oder Gräben zu Humus umgewandelt. (Foto: coco/fotolia.com)

Schon angerottetes organisches Material wird entweder in den Boden eingeharkt oder unterge-graben. (Foto: chihnan/fotolia.com)

Kompostieren auf offener Beetfläche

Die vermeintlich älteste Form der Wiederverwertung von Gartenabfällen ist, sie am Ort ihres Entstehens zu entsorgen – im Beet selbst. Das betrifft in erster Linie die Ernterückstände, wie sie beim Abernten eines Beetes zwangsläufig anfallen: Laubreste, Wurzelreste, aussortiertes unterentwickeltes oder schadhaftes Erntegut. Und weil dort sowieso schon Abfälle liegen, wirft man Weiteres aus anderen Beeten gleich mit dazu. Als mulchähnlich dünne (circa 3 Zentimeter) Abfallschicht gleichmäßig auf der mit einem Grubber aufgerauten Beetfläche ausgebreitet, entsteht dann eine sogenannte Flächenkompostierung. Irgendwann wird aufgeräumt und all das gesammelte, mittlerweile angewelkte Pflanzengut wird in den Boden verfrachtet. Das geschieht durch Umgraben des Beets.

So geht's

1 Eine spatenstichtiefe Rinne graben, diese bis etwa zur Hälfte der Tiefe mit Pflanzenabfällen auffüllen und anschlie-

ßend die Rinne mit der abgestochenen und gewendeten Scholle von der nächsten Graberinne bedecken.

2 Am Ende des Beetes bleibt die letzte Rinne folglich offen – befüllt wird sie mit dem anfangs beiseitegelegten Aushub der ersten Rinne.

Diese Methode ist gut dazu geeignet, Garten- und Küchenabfälle sowie Kleintiermist ohne großen Aufwand zu recyceln und gleichzeitig die Bodenqualität deutlich spürbar zu verbessern.

Kompostieren in der Kompostgrube

Wer nur einen kleinen Garten besitzt und sich mit der Flächenkompostierung im Beet optisch schwertut, kann auf das Kompostieren in der Grube ausweichen. Bei dieser Methode heben Sie eine etwa anderthalb Spatenstich tiefe Grube beliebiger Weite aus. Dort hinein geben Sie die zerkleinerten Garten- und Küchenabfälle und bedecken sie gleich mit Erde. So verfüllt sich die Kompostgrube selbst wieder. Kommt es mit zunehmender Verrottung zu den unvermeidlichen Sackungen und damit zur Muldenbildung, harken Sie von der umgebenden Erde in die Mulde, um sie aufzufüllen.

So geht's

1 Gebraucht werden Spaten, Schaufel und Schubkarre. Am besten steckt man sich die vorher überlegten Abmessungen der Kompostgrube vor dem Aus-

In städtischen Gemeinschaftsgärten wird gemeinsam gearbeitet. (Foto: Ababsolutum/ istockphoto.com)

heben ab. der Abstand zu Wegen und gegebenenfalls zur Grundstücksgrenze sollte mindestens 50 Zentimeter, besser 100 Zentimeter betragen.

2 Und dann wird ausgehoben: Machen Sie mit dem Spaten den Anfang, danach ist die Schaufel ein besseres Arbeitsgerät. Stellen Sie die Schubkarre direkt daneben und werfen Sie die Erde gleich hinein, dann müssen Sie nicht zweimal die Erde schaufeln.

3 Vor allem wenn die Grube etwas tiefer ist – es gibt Empfehlungen bis zur einem Meter Tiefe – lohnt sich eine Umrandung aus Holzbrettern. Das sieht besser aus und es kann mehr organischer Abfall eingefüllt werden.

Diese Kompostierungsvariante ist für sandige Böden besser als für lehmige geeignet, weil das Rottegut etwas tiefer in den Boden gerät. Lehmiger Boden kann aber auch mit sandigem Boden beziehungsweise Lehm-Sand-Gemisch (1:1) angereichert werden. So verbessern Sie Ihren Lehmboden gleich doppelt: mit Humus und mit Sand.

Grubenkompostierung ist speziell auch dazu geeignet, lokale Düngerdepots zwischen Pflanzen zu erzeugen, zum Beispiel zwischen Stauden, Sträuchern oder Bäumen. Einen Eimer Obstabfälle oder eine Wanne Schnittguthäcksel können Sie so leicht in einer sofort wieder verschlossenen Kompostgrube zwischen Gartenpflanzen verschwinden lassen.

Bleibt eine Grube hingegen eine Weile offen, um sie nach und nach mit anfallenden Abfällen aufzufüllen, sollte sie so angelegt werden, dass niemand versehentlich hineintritt. Gerade nur spatenstichbreite und -tiefe Gruben werden, zum Beispiel versteckt im Staudenbeet angelegt, leicht zur Trittfalle.

Kompostieren „im Graben"

Dieses weitere offene Kompostierverfahren ist nichts anderes als das Kompostieren in der langen Grube. Es eignet sich gut, wenn in vergleichsweise zeitnahen Abständen größere Mengen an Kompostabfällen anfallen, wie unterm Jahr häufiger mal Rasenmähgut oder Kleintiermist, größere Laubmengen im Herbst, einmalig viel Gartenabfall nach einer Gartenrenovierung oder (dann gehäckselt) nach einer größeren Gehölzschnittaktion. Einen praktischen Zusatznutzen hat das Im-Graben-Kompostieren, wenn es als Vorbereitungsverfahren für spätere Pflanzaktionen gedacht ist. Dann legen Sie die Grube direkt dort an, wo Sie im Folgejahr zum Beispiel das Spargelbeet planen oder nach eineinhalb bis zwei Jahren der Verrottung im Boden eine Gehölzpflanzung, wie Hecke, Zierstrauchhecke, Strauch- oder Wildrosen oder Beerenobststräucher.

Die Nachteile:

1 Schwer Verrottbares, wie Kohlstrünke, sortiert man beim offenen Kompostieren am besten aus oder schreddert es zuvor.

2 Auf lehmigen Böden dürfen die Pflanzenmaterialien beim Umgraben nicht zu tief in den Boden geraten, denn sonst droht Sauerstoffmangel. Dann verrotten die Pflanzenabfälle nicht, sondern sie vertorfen.

3 Für einige Gemüse, wie Möhren, Zwiebeln und Kohl, eignen sich frisch organisch gedüngte Flächen nicht, da das Gemüsefliegen anzieht.

4 Beim offenen Kompostieren von frischen Garten- und Küchenabfällen werden Schnecken und Käfer angelockt, deren Nachwuchs zwar nicht im Kompost aber im Beet zum Schädling werden kann.

Kompostieren á la Mulchen

Wer mit Kompostgut mulchen möchte, sollte einiges beachten: Fallen inhomogene Abfälle aus Küche und Garten an – der klassische Mix von der Kartoffelschale bis zum Stauden- und Gehölzschnittgut, aber auch das unzerkleinerte, meist zu voluminöse Laub –, werden sie zunächst gehäckselt und erst dann auf die Fläche ausgebracht. Von vornherein kleines, dicht schüttendes homogenes Mulchmaterial, wie Rasenmähgut, können Sie direkt als Mulche ausbringen. Allerdings muss es frei von Gras- und Unkrautsamen sein. Lassen Sie Rasenmähgut vor dem Mulchen anwelken, sonst klumpt es bei dichterem Aufbringen später im Beet.

So geht's

1 Rauen Sie die zu mulchende Fläche zunächst mit Sauzahn, Grubber oder Kultivator auf. So erzielen Sie den erforderlichen Bodenschluss zwischen Oberboden und Mulchmaterial.

2 Nun das Mulchgut auf der Fläche ausbringen und mit Sauzahn, Grubber oder Kultivator einarbeiten, um eine leichte Vermischung von Mulchschicht und Erde zu erreichen.

Als sinnvolle Mulchschichthöhe gelten 3 bis 5 Zentimeter. Geht die Schichthöhe gegen 10 Zentimeter, kommt es eher einmal zur Fäulnisbildung im Mulchgut oder aber, noch schlimmer, zu Sauerstoffmangel an der Pflanzenwurzel.

Kompostieren macht Arbeit, nicht nur das Sammeln, Aufschichten und Durchmischen, sondern auch das Ausbringen und Einarbeiten. Doch der Aufwand lohnt sich. (Foto: JackF/fotolia.com)

Hochbeete haben einen besonderen Aufbau. Auch Kompost wird eingeschichtet. Die Erde erwärmt sich schnell und das Gemüse gedeiht prächtig. (Foto: Jeanette Dietl/fotolia.com)

Klassiker Kompostmiete

Ebenso ursprünglich, wie Pflanzenabfall auf der Fläche anrotten zu lassen und ihn später einzugraben, ist es, alles auf einem Haufen zu sammeln, wie auf der klassischen Kompostmiete. Wechseln Sie nach Möglichkeit gelegentlich die Mietenplätze, denn es ist an ihrem Standplatz unvermeidlich, dass mit dem entstehenden Sickerwasser etliche der im Kompost freigesetzten Nährstoffe in den Boden und seine tiefer liegenden Schichten eingespült werden.

Der Aufbau einer Kompostmiete, eines Hügelbeetes und eines Hochbeetes sind gar nicht so verschieden. Immer geht es um die zuunterst eingebaute Belüftungslage, die darüber gelagerte Nährstofflage und die zuoberst aufgebrachte Erdlage als einer Tragschicht der zu kultivierenden Pflanzen. Im Vergleich zum Hügelbeet aber kennt die Kompostmiete deutlich dünnere Frischkompostschichten von maximal 5 Zentimetern, wenn nicht alles gleich gemischt wird. Diese sollen ja keine Pflanzen tragen, sondern lediglich den Kompost mit Bodenleben beimpfen.

Die Langmiete

Nach demselben Prinzip der Kompost-miete entsteht die Langmiete, die auch Wurm- oder Endlosmiete genannt wird. Sie ist die in eine Richtung immer weiter fortgesetzte Kompostmiete, die oben-drein noch mehr Kompostgut aufneh-men kann und deswegen in diesen Be-darfsfällen die erste Wahl ist. Auch nimmt sie größere Mengen Stallmist auf. Kein anderes Kompostierungssystem im Haus-garten hat ein solch großes, kaum be-grenztes Fassungsvermögen. Arbeits-sparend ist das System deshalb, weil die Miete nicht umgesetzt wird. Deswegen muss die Rotte aber von vornherein und durchgehend optimal angesetzt werden, und das wiederum setzt ein perfektes Mischungsverhältnis der Abfälle voraus. Und es wird, wo möglich, mehr zerklei-nertes Stauden- und Gehölzschnittgut in diese Miete eingebaut: nicht nur an der Basis, sondern auch mittig der Ba-sis erhöht. So wird die Miete bis weit in ihre Mitte hinein besser belüftet. Zusätz-lich dazu bietet es sich an, in einem Ab-stand von jeweils etwa 1 Meter mithilfe eines Baumpfahls senkrechte Löcher von der Mietenspitze bis hinunter zur Basis zu treiben, die sogenannten Kamine: Passende Abfallkomposition und ausrei-chende Belüftung sind die Vorausset-zungen für schnelle Rotte! Je nach Wetter und Rotteführung sind Frischkompost und Reifkompost nach etwa einem Drei-vierteljahr bis anderthalb Jahren fertig. Die Langmiete ist ein klassisches Beispiel dafür, dass auch ein komplett korrekt an-gesetzter Kompost seine Zeit zur Reife be-nötigt. Die Langmiete ist insofern nichts für Eilige.

Wo viel kompostierbares Material anfällt, lohnt sich die Langmiete. Sie benötigt allerdings auch mehr Platz. (Foto: Dipl.-Biologe Karl-Heinz Schäffner/VHS Völklingen)

Aber sie ist die passende Kompostierungsform für denjenigen, der eine Heißrotte anstrebt, mit Temperaturen um die 40 bis 60 °C. Eine solche Wärme wird ausschließlich dann erreicht, wenn große Mengen nährstoffreicher und leicht abbaubarer Abfälle, bei passendem C:N-Verhältnis, gleichzeitig in Rotte kommen. Mieten können den Sommer über mit Kürbissen bepflanzt werden. Sie profitieren von den Nährstoffen im Kompost und die großen Blätter bedecken und schützen ihn. Pflanzen Sie Kürbisse im Abstand von 2 Metern, aber an die Mietenbasis (Nährstoffausnutzung), nicht obenauf (Nährstoffentzug!).

Und so heizen Sie mit einer Zucker-Hefe-Lösung eine schnelle Rotte binnen Stunden an: 1 Kilogramm Rohrzucker in 10 Liter warmes Wasser auflösen, in diese Lösung einen angeteigten Backhefewürfel einrühren und die leicht abbaubaren Abfälle damit überbrausen.

„Querbeet kompostieren"

Die Wandermiete ist eine spezielle, kompaktere Form der Endlosmiete. Sie wird ohne den Gehölzschnittanteil, nur mit Staudenschnittgut, am Boden angelegt. Die schneller verrottenden Stauden sind zur Strukturgebung und ergänzenden Rottebelüftung gut geeignet. Allerdings sollten die Pflanzenteile zuvor auf 5 bis 10 Zentimeter Länge zerkleinert werden. Die Wandermiete wird breiter als die Endlosmiete angelegt, nämlich 2 bis 3 Meter breit.

So geht's

1 Das Kompostiergut wird schichtweise aufgefüllt, dabei alle etwa 20 bis 30 Zentimeter mit einer 5 bis 10 Zentimeter dicken Erdschicht bedeckt – so lange, bis die Miete etwa 80 bis 100 Zentimeter Höhe erreicht hat.

2 Um die Rotte im Sommerhalbjahr zu beschleunigen, können Sie auf die organischen Substanzschichten Hornmehl beziehungsweise Horngries streuen (circa 3 Kilo pro Kubikmeter Kompostmaterial).

3 Um die Nährstoffe nicht übermäßig stark an den gewachsenen Boden zu verlieren, streuen Sie zusammen mit dem Hornmehl (Ur-)Gesteinsmehl oder Tonmehl (Bentonit). Das bindet Nährstoffe und Gerüche.

4 Abschließend wird die fertig geschichtete Wandermiete, bis auf die Vorderseite, mit einer Erdschicht bedeckt.

Während diese Miete durch weitere Bestückung nach vorne „wandert", wird sie nach etwa halbjähriger Rottezeit von hinten her beerntet, und zwar je nach Fortschritt der Rotte noch als Frischkompost oder als Reifekompost. Ähnlich der Kompostierung „im Graben" kann die Wandermiete vergleichsweise viel Material aufnehmen und erfüllt dann ihren Zweck. Allerdings ist sie eben auch flächenaufwendig und trägt optisch mehr auf als die gartendezentere Kompostierung „im Graben".

Schnellkomposter

Schnellkomposte werden mit leicht verrottbaren Komponenten so angesetzt, dass der daraus entstehende Frisch- und Reifekompost binnen weniger Monate genutzt werden kann.

Sonderkomposte unterliegen speziellen Herstellungsverfahren in Anlehnung an ideologische Landbautheorien, zum Beispiel Komposte biologisch-dynamischer, organisch-biologischer, makrobiotischer oder veganer Art, Komposte nach Howard Balfour, Jean Pain, Lemaire Boucher, Lübke.

Grüngut-Schnellkomposte

Wo größere Mengen Rasenschnittgut oder Grünschnittgut (zum Beispiel vom Hecken- schnitt oder Gehölz-Sommerschnitt) anfallen, kann dies in einer eigens dafür angelegten Miete zügig kompostiert werden. Das angewelkte Mähgut oder das gehäckselte Schnittgut geben dann die Frischkomponente ab. In den üblichen Lagen geschichtet, kompostiert dieser Schnellkompost im Sommerhalbjahr binnen weniger Monate.

So geht's

1 20 Zentimeter Kompostgut aufschichten.

2 Darüber wird Horngries gestreut und einige Schaufeln alter Kompost (wahlweise Gartenerde).

3 Alles mit Zucker-Hefe-Lösung (siehe oben) überbrausen.

Mithilfe spezieller Kompostthermometer kann man feststellen, in welchem Stadium sich der Komposthaufen befindet und wie stark sich der Kompost erhitzt. (Foto: ghavasi/fotolia.com)

Anstelle des Stickstofflieferanten Horngries kann auch Kleintiermist (Kaninchenmist), Pferdemist, Rinderdung oder eine Brühe aus Hühner- oder Taubenmist verwendet werden. Die fertige Miete wird abschließend mit Erde bedeckt. Beschleunigt wird das Ergebnis, wenn Sie die Miete etwa alle 2 bis 3 Monate umsetzen. Mengen Sie dabei pro Kubikmeter Kompost etwa 3 Kilogramm Algenkalk oder 5 Kilogramm (Ur-)Gesteinsmehl unter.

Nach demselben Prinzip können Sie andere Komponenten wie Mist, Stroh, Moos, Holzhäcksel, Laub und dergleichen in Mieten kompostieren. Natürlich benötigt derjenige Schnellkompost vergleichsweise länger, der einen höheren Zellulose- beziehungsweise Holzanteil hat. Aber wenn Sie alles richtig gemacht haben und das Wetter gepasst hat, sind diese Komposte im Sommerhalbjahr bereits nach etwa drei bis vier Monaten als oberflächig eingearbeitete Frischkomposte zur Bodenverbesserung in Beeten und zwischen Gartenpflanzen zu nutzen.

Weil Schnellkomposte so rapide verrotten, entwickeln sie bald eine große Hitze, die speziell bei höherem Zellulose- beziehungsweise Holzanteil vergleichsweise lange bestehen bleibt. Da Hitze zur Verdunstung von Wasseranteilen führt, kann ein Schnellkompost möglicherweise zu trocken werden. Wässern Sie ihn dann ausreichend, eher mit Regenwasser als mit Trinkwasser, weil dieses Chlor und Phosphate enthält. Speziell Kräuterjauchen, hergestellt zum Beispiel aus Beinwell, Brennnesseln oder Löwenzahn, sind dazu prima geeignet. Verglichen mit Regenwasser, befeuern diese Jauchen den Umsetzungsprozess.

Gut geeignet für den Kompost ist der Mist von Kleintieren wie Kaninchen oder Hamstern. Das geht allerdings nur, wenn die Tiere gesund sind. (Foto: oksix/fotolia.com)

Kompostieren im offenen Kompost

Zu gärtnern bedeutet, die Natur mit ordnender Hand zu gestalten. Kein Wunder also, dass im Laufe der Jahrzehnte eine ganze Reihe von Kompostern entwickelt wurden, die einer Miete buchstäblich einen Rahmen geben.

Kompakt und voluminös – Lattenkomposte

Beim Komposter-Grundmodell handelt es sich um einen sogenannten Lattenkomposter. Vier Ecksäulen sind so durch Latten oder Bretter miteinander verbunden, dass zwischen den waagerechten Verlattungen jeweils Zwischenräume in der Breite der Bretter oder Latten eingehalten werden. Die Latten dienen dem Halt des Geräts und dem Rückhalt des Kompostierguts, die Zwischenräume der Belüftung der Rottevorgänge.

Die Eckpfosten des Lattenkomposters sind aus Beton, Holz, Kunststoff oder Metall. Die Latten beziehungsweise Bretter werden aus Holz, Kunststoff oder Metall angeboten. Unbehandeltes Fichten- oder Kiefernholz verrottet dabei schneller als Lärchenholz oder kesseldruckimprägniertes, das dann aber Brom-Salze enthält. Die angebotenen Kunststoffe reichen vom Polypropylen über Polyvinylchlorid (PVC) bis zu Recycling-Kunststoffgemischen. Im Einzelfall ist es ratsam, Handel beziehungsweise Hersteller dazu zu befragen, ob und in welchem Maße Kunststoffbe-

Im offenen Komposter, zum Beispiel einem Lattenkomposter, kann gut umgesetzt werden. (Foto: Erika Hartmann/pixelio.de)

standteile von der Säure des Komposts ausgewaschen und in den Boden übergehen können. Aluminium oder feuerverzinktes Blech sind mehrjährig stabile Alternativen zu den genannten Materialien, aber verzinktes Blech wird definitiv von den organischen Säuren des Komposts beeinträchtigt, sodass es nach geraumer Zeit rostet. Aluminium ist demgegenüber stabiler.

Rastermaße solcher Komposter von 1 Quadratmeter Fläche und 80 bis 100 Zentimetern Höhe sind für diese Bauart weithin verbreitet. Mehr Spielraum und Arbeitsbequemlichkeit bieten aber die etwas größeren mit beispielsweise 120 Zentimetern Länge.

Es ist nützlich, wenn der Lattenkomposter nicht verschraubt werden muss, sondern einfach ein Stecksystem ist. Dann sollten die Einzellatten auch in befülltem Zustand des Komposts einzeln herausnehmbar sein, um rundherum an jeder Stelle freien Zugang zum Kompost zu haben, zum Beispiel für die Entnahme von Frischkompost.

Beständig und nachhaltig: gemauerte Komposte

Ist die Entscheidung gefallen, den Kompost im Garten langjährig zu betreiben, sollte der Kompostplatz auf Langlebigkeit ausgelegt werden. Das bedeutet, statt turnusmäßig neue Lattenkomposter zu kaufen oder hin und wieder in neue Thermokomposter zu investieren, eine gemauerte Variante vorzuziehen. Dort bringen Sie dann den gerade reifenden Kompost ebenso unter wie den saisonal frisch begonnenen. Zudem hat der gemauerte Kompost Platz für die Zwischenlagerung von überschüssigem nassen oder trockenen Material, das Sie zu einem späteren Zeitpunkt aber wieder benötigen werden, um das passende C:N-Verhältnis Ihrer Kompostmischung einstellen zu können (siehe Seite 37).

Je nach örtlicher Situation ist die Bodenplatte am besten etwa 4,35 Meter breit und 1,30 Meter tief. Geht man von den 11,5 Zentimetern Klinkerbreite aus, benötigen linke, rechte und mittlere Klinkerwand etwa 35 Zentimeter Platz auf der Bodenplatte. Durch diese Teilung entstehen zwei Kompostplätze zu je etwa 2 Meter Breite. Und berücksichtigt man die für die Rückwand erforderlichen 11,5 Zentimeter, ergibt sich eine Nettotiefe von knapp 1,20 Meter. Rundum eine Sauberkeitskante von 20 Zentimetern mitgerechnet, ist eine Wandhöhe von 1,20 Meter angebracht.

So geht's

1 Die Wand wird im sogenannten „Flämischen Verband" gemauert, bei dem nur mit längs laufenden Klinkern gemauert wird, die quer liegenden Klinker lässt man weg. So entsteht ein Mauerwerk, das den Kompost von allen Seiten wohl belüftet.

2 Die Bodenplatte wird auf Schalbrettbreite 20 Zentimeter mit Armierungseisen gegossen. Ein nasser Komposthaufen von 1 Kubikmeter Volumen kann knapp eine Tonne Gewicht bedeuten. Die Bodenplatte wird mit nicht zu nassem Beton gegossen, um sie mit 2 Prozent Gefälle nach vorne abziehen zu können. So laufen Sicker- und Oberflächenwässer in eine Abwasserrinne, die vor der Bodenplatte auf ganzer Länge in Mörtel verlegt wird.

3 Am einfachsten wäre es, das Sicker- und Oberflächenwässer in eine mit Bauschutt verfüllte Sickergrube zu leiten. Umweltschonender aber ist es, es in eine unterirdische Zisterne neben dem Kompost zu leiten, zum Beispiel in ein eingegrabenes Kunststofffass. Aus dem heraus können Sie das Kompostwasser mithilfe eines Eimers am Strick oder aber einer Tauchpumpe jederzeit entnehmen und es, stark verdünnt, als Nährlösung im Garten ausbringen.

Um die Kompostzisterne nicht durch zu viel Regenwasser zu überlasten, ist es sinnvoll, den gemauerten Kompostplatz zu überdachen, ihn zumindest mit einer Plane abzudecken. Die Kompostanlage benötigt einen Rieselschutz an ihrer Vorderseite: Dübeln Sie dazu Führungsschienen aus Metall so an das Mauerwerk, dass Sie die beiden Kompostierkammern nach vorne hin jeweils mit leicht wieder zu entnehmenden Brettern verschließen können. Wenn Sie auch hier Luftschlitze belassen möchten, geben Sie zwischen den Brettern einfache Abstandhalter ein, zum Beispiel auf 5 oder 10 Zentimeter zugeschnittene Lattenreste.

Ein gemauerter Kompost ist auf Langlebigkeit angelegt. Die Erstellung macht Arbeit, später ist ein solcher Kompostplatz aber sehr praktisch. (Foto: Dipl. Biologe Karl-Heinz Schäffner/VHS Völklingen)

Nur wer viel Platz hat, kann sich auch ausbreiten. Der Vorteil ist, dass fast ganzjährig Frischkompost, halbverrotteter Kompost und Reifekompost zur Verfügung stehen. (Foto: Okapia/imageBROKER/Silwen Randebrock)

Wenn Sie die beiden etwa 2 Meter breiten Kompostierkammern jeweils nur zur Hälfte ihrer Breite mit Kompost befüllen, können Sie die Masse zwischenzeitlich auch einmal von der einen zur anderen Kammerseite schaufeln und so den Kompost umsetzen. Sie wissen ja: Der kleine, wiederholt umgesetzte und dabei neu vermengte Kompost reift immer noch am schnellsten.

> Die vorne liegende Abwasserrinne beim gemauerten Kompostplatz ist jederzeit frei zugänglich und Sie können Sie daher leicht säubern.

Geschlossene Komposter

Gerade Küchenabfälle, die schnell unangenehm riechen, möchte man gerne möglichst schnell entsorgen. Dennoch haben sich Indoor-Kompostierungssysteme – obwohl es verschließbare Systeme gibt, die geruchlos zu betreiben sind – hierzulande bisher nie wirklich durchgesetzt. Dabei gibt es einige wirklich interessante Möglichkeiten, Küchenabfälle sofort zu kompostieren. Vor allem die Verwendung mit Effektiven Mikroorganismen ist nenneswert.

Die TU Braunschweig hat in einer Studie zum Mülltrennungsverhalten ermittelt, dass im Hausmüll Glas, Papier und Kunststoffe mit großer Konsequenz getrennt werden. Die Abfalltrennung von organischen Anteilen des Restmülls, also Kompostierbarem inklusive Essensresten, ist weitaus weniger beliebt und geschieht damit auch weniger oft.

Effektive Mikroorganismen

Der japanische Gartenbauprofessor Teruo Higa von der Universität Ryukyus hat nach Untersuchungen an Mikroorganismen eine Mischung aus Bodenbakterien und -pilzen entwickelt, die als Effektive Mikroorganismen (EM) bekannt geworden sind. In dieser Mischung sind aufbauende Organismen, abbauende Organismen und sogenannte fakultative Organismen enthalten, die sich, je nach Bodenmilieu, unterschiedlich verhalten.

In speziellen Labors werden sowohl Bodenproben untersucht, als auch Kompostproben auf ihre Beschaffenheit und ihren Nährstoffgehalt untersucht. (großes Foto: Kjell-Arne Larsson/OKAPIA; kleines Foto: www.biotaurus.com)

Die Umwandlung von Küchenabfällen durch Effektive Mikroorganismen kann man mit bekannten Verfahren wie der Silageherstellung aus Gras oder derjenigen von Sauerkraut aus Weißkohl vergleichen, bei denen die Organismen organisches Material fermentieren, also umwandeln. Mithilfe Effektiver Mikroorganismen, die sich auf einem zellulosehaltigen Trägermaterial (zum Beispiel Weizenkleie) befinden, lassen sich Küchenabfälle jeglicher Art umsetzen. Das Verfahren ist bei uns unter dem Namen „Bokashi" bekannt (japanisch bokashi = fermentiertes organisches Material).

So geht's

1 Die Küchenabfälle werden in einen speziellen Bokashi-Eimer mit Sickerwasser-Auslassstutzen gegeben, mit EM Schicht für Schicht überstreut und immer fest zusammengepresst.

2 Alle paar Tage wird die Sickerflüssigkeit abgelassen. Im Verhältnis 1:200 stark mit Wasser verdünnt, dient das Sickerwasser im Garten als Flüssigdünger.

3 Nun lässt man den fertig befüllten und verdichteten Eimer etwa zwei Wochen bei etwa Zimmertemperatur fermentieren, was übrigens keine üblen Gerüche erzeugt.

4 Anschließend wird die nach dem Öffnen des Eimers säuerlich riechende, fertig fermentierte Masse an passender Stelle im Garten einen halben Spatenstich tief eingegraben, wo sich das Bokashi binnen weniger Wochen komplett zersetzt – schneller als Kompost. Sie können das Endprodukt aber auch auf den Kompost geben und zur weiteren Zersetzung mit einer Schicht Erde abdecken. Die effektiven Mikroorganismen sollen im Garten übrigens auch Schädlingsbefall reduzieren.

Humusbox

Ein anderes Verfahren zum Umgang mit Küchenabfällen ist das neuere, vielversprechende Kompostierungsverfahren mit dem Namen „Humusbox". Hierbei werden Küchenabfälle jeglicher Art zerkleinert in eine spezielle Gitterbox aus Kunststoff gegeben, die zuvor bis knapp zur Höhe ihrer Oberkante in einem Beet oder Hochbeet versenkt worden ist. Eine solche Kiste ist mit einem Deckel versehen und hat ein Fassungsvermögen von rund 30 Litern Bioabfall. Den Bioabfall versorgt man mit etwas Starterfutter für die mitgelieferten Regenwürmer, die ebenfalls zugefügt werden. Bald schon tummeln sich die kleinen „Kompostierhelfer" im Abfallgemenge, können aber durch die Gitterstruktur der Kistenseitenwände in das Beet kriechen sowie von dort wieder zurück.

Soweit das Wirkungsprinzip. Die Vorteile des Systems liegen auf der Hand: Es kann unmittelbar in Hausnähe, auf Balkon und Terrasse kompostiert werden – auch ohne Garten. Sowohl ein Hochbeet auf der Terrasse kann nämlich dieses System aufnehmen als auch die ausreichend feuchte Beetumrahmung einer Terrasse. Je nach Abfallaufkommen, lassen sich hier sogar mehrere Kisten eingraben und dabei weitgehend unauffällig zwischen den Stauden und Gräsern verstecken.

Eine Humusbox arbeitet, bei korrekter Rotteführung, praktisch geruchlos. Wer aber das Gefühl von zusätzlicher Sicherheit haben möchte, mengt beim Befüllen der Box mit Abfällen zugleich einige Hände voll (Ur-)Gesteinsmehl mit unter.

Thermokomposter

Thermokomposter sind etwas „tricky". Ihr Name deutet an, dass es in diesem Komposter wärmer als in einem offenen Komposter oder freien Kompost zugeht. Der Handel preist Thermokomposter an, mit dem Hinweis, dass organische Abfälle schneller zu Humus werden als in anderen Verfahren. Lohnt es sich also, in einen Thermokomposter zu investieren?

Zunächst einmal sind Thermokomposter von vornherein eine vergleichsweise saubere Sache. Sie sind rundum geschlossen und ermöglichen es sogar, Speisereste zu kompostieren, ohne dass Tiere – speziell Ratten – daran geraten können.

Thermokomposter sind meist aus Kunststoff doppelwandig angefertigt, sodass die Wärme besser erhalten bleibt. (Foto: Neudorff)

Kinder sind fasziniert von Kompost. Wie sich Abfall wieder in Erde verwandelt, dass können sie im Garten sehr gut lernen. (Foto: Neudorff)

Optisch sind sie für den Gartenbesitzer meist eine Bereicherung, der in seinem Garten nicht auf eine Kompostmiete schauen möchte. Allerdings ist sie auch kostenintensiver und Sie sollten bei der Anschaffung bedenken, dass man von ihnen eigentlich mindestens zwei benötigt – den einen, um die Kompostmasse darin der Reife entgegenzuführen; den anderen, um hierin die Abfälle der laufenden Saison zu mischen. Eigentlich sollte der Kompost in einem solchen Thermokomposter ja schneller fertig sein und damit für die Neubestückung schnell wieder frei werden, doch auch verschiedene Veröffentlichungen dazu weisen aus, dass Kompostierung allemal ihre Zeit benötigt. Je nach Bauart des betreffenden Thermokomposters dauert die Umsetzung möglicherweise nicht so lange wie bei „normalen" Kompostern, aber grundsätzlich gilt zu beachten: Die im Kompost erzeugte Rottetemperatur entsteht aus dem Kompostmaterial und seiner perfekten Mischung. Denn sie ist es, die die Pilze und Bakterien zu Hochform auflaufen lässt, und dabei entsteht die Prozesswärme, um die es geht. Sicher wirkt die Kunststoffummantelung eines Thermokomposters (wiederum je nach Bauart) isolierend, das aber meist nicht in nennenswertem Rahmen.

Thermokomposter bestehen aus komplex miteinander verbundenen Bauteilen. Steht der Komposter schief oder steigt nach zunehmender Befüllung sein Innendruck, können Seitenteile, Deckel, Klappen und Scharniere verkanten und sogar brechen. Stellen Sie ihn daher unverrückbar gerade auf.

Selbst ein mit Dämmschichten versehener Thermokomposter nimmt wegen des stattfindenden Temperaturausgleichs früher oder später auch in seinem Inneren die Außentemperatur an. Der Isoliereffekt eines Thermokomposters ist also immer nur eine Zeitverzögerung, während derer die Bodenorganismen dann noch im verglichen mit der Umgebungstemperatur wärmeren Milieu arbeiten.

Je heißer die Prozesswärme, desto schneller arbeiten die Mikroorganismen. Den schnellsten und höchsten Wärmeeffekt erzielen Abfallgemenge mit hohem Anteil an leicht zersetzbaren Grüngütern, bei passendem C:N-Verhältnis (siehe Seite 37). Dennoch hält die anfangs stürmische, bald erreichte Maximaltemperatur von etwa 40 bis 60 °C nur wenige Tage an. Danach flacht die Temperaturkurve ab, weil diese Rottephase sich dem Ende

zuneigt und dann abgeschlossen ist. In etwa tragen danach noch die Hüllen der Komposter zu einer gewissen passiven Solarerwärmung bei, indem sie sich wetterbedingt oder intensiv von der Sonne beschienen aufwärmen und diese Wärme an das Kompostiergut abgeben. Der Effekt ist aber kein anhaltender, er schwindet mit den Nachttemperaturen.

Lohnt also die Anschaffung eines oder mehrerer Thermokomposter? Das zu entscheiden, obliegt Ihrer eigenen Gesamtbeurteilung. Aus allein thermischen Gesichtspunkten heraus betrachtet, lohnt sie nicht. Hier sind sich Experten bislang einig, natürlich unter Vorbehalt der technischen Weiterentwicklung einzelner Thermokompostermodelle auf dem Markt. Unter dem Aspekt der Ästhetik kann so mancher Thermokomposter aber punkten.

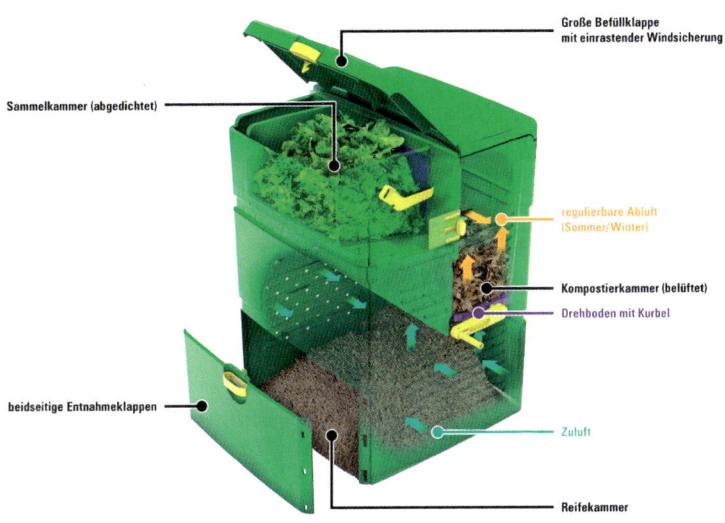

Dieser Spezial-Komposter hat ein Mehrkammersystem und erspart damit das Umsetzen. Vermischt und belüftet wird beim Entleeren der Kammern. (Foto: www.juwel.com)

Trommelkomposter

Dieser Kompostertypus führt auf dem Markt ein Nischendasein, das ihm realistischerweise so gar nicht zukommen müsste. Erinnern Sie sich an den Grundsatz, dass ein kleiner, wiederholt umgesetzter und dabei durchmengter Kompost noch immer am schnellsten reift? Genau das, nämlich das häufige Durchmengen von Kompostgut, findet in einem Trommelkomposter statt. Das sind, ihrer Bauart nach, länglich runde oder sechseckige Hohlkörper auf einem sie tragenden Ständer. Der Hohlkörper ist mit einem Rad oder einer Kurbel versehen, mit deren Hilfe die Kompostertrommel während der Rottephase alle paar Tage ein

Bei Trommelkomposter entfällt das lästige Umsetzen, das ist sehr praktisch. (Foto: www. biogreen.de)

paar Mal um ihre Längsachse gedreht wird, wobei das enthaltene Kompostgut kräftig durchmengt wird. Sofern Sie bei der Bestückung der Trommel auf die optimale Mischung des zugefügten Kompostgutes achten beziehungsweise nach und nach immer wieder ausreichend schnell verrottende Komponenten zugeben (wie zum Beispiel angewelktes Rasenschnittgut), erfolgt in hochwertigen Trommelkompostern tatsächlich eine vergleichsweise stürmische Verrottung, deren Temperaturen bis weit über 60 °C hinausreichen können, speziell dann, wenn die Trommelwände isoliert sind und so die Prozesswärme länger im Rottegut halten.

Dieser Trommelkomposter eignet sich für kleinere Mengen organischen Materials. Er kann auch gut auf Balkon oder Terrasse platziert werden. (Foto: www.biogreen.de)

Kleine, zierliche Trommelkomposter sind wenig empfehlenswert, denn es gilt, für optimale Verrottung eine so große Menge Kompostgut in sie einbringen zu können, dass eine heiße Rotte überhaupt erreicht werden kann. Deshalb sollte ein Trommelkomposter stabil genug gebaut sein, um über 600 Liter Kompostiergut aufnehmen zu können. Damit bewegt er sich in einer für Haushalte mittlerer Größe nützlichen Größenklasse. Dann aber muss er auch so stabil gebaut sein, dass sein Ständersystem ihn selbst in voll befülltem Zustand (bis über 600 Kilogramm, plus Eigengewicht) unumstößlich trägt, auch wenn Kinder an ihm spielen und rütteln.

Beachten Sie, dass Trommelkomposter bei den regelmäßigen Durchmischungsmanövern, bedingt durch die anwachsende Befüllmenge, beim Drehen eine Unwucht entwickeln. Also muss der Drehmechanismus stabil, aber zugleich auch für weniger kräftige Personen leicht drehbar sein. Bei Trommelkompostern mit einer tragenden Mittelachse sollten auf der Mittelachse Schaufeln angebracht sein. Sie wenden, durchmengen und belüften dann das Rottegut weit besser als Modelle ohne solche Durchmengungshilfen.

Besonders interessant sind Trommelkomposter mit deren Hilfe fertiger Reifkompost drehend leicht abgesiebt werden kann.

Trommelkomposter fügen sich optisch anders in den Garten ein als offene oder andere geschlossene Kompostierverfahren. Aber: Sie sind Platz sparend, arbeiten sauber und zügig und sind nicht zuletzt etwas für Menschen mit technischem Interesse, die beim Kompostieren auch mit dem Kopf dabei sind.

Welcher Kompostiertyp sind Sie?

Der „Ich-brauche-keinen-Komposter"-Typ
Keinen Komposter benötigen Sie, wenn Sie …
… die Abfälle auf freier Beetfläche ausbreiten, sie dort anrotten lassen und in den Boden einarbeiten (inklusive Nutzung von dazu geeigneten Abfallmaterialien, wie samenloses Rasenschnittgut, zum Mulchen),
… die Abfälle zu einer frei stehenden Miete aufschichten (inklusive Wandermiete und Endlosmiete).

Der „Offen-Kompostierer"-Typ
Einen offenen Komposter (zum Beispiel Lattenkomposter) benötigen Sie, wenn Sie …
… einer Kompostmiete einen festen, optisch ordentlicheren Rahmen geben wollen.
Für alle offenen Kompostierverfahren gilt: Essensreste sind hier tabu, denn das

zieht ungebetene Gäste, vor allem Ratten, an. Essensreste zu kompostieren gelingt nur in geschlossenen Systemen.

Der „Geschlossen-Kompostierer"-Typ

Einen geschlossenen Komposter (wie Thermokomposter, Trommelkomposter, Humusbox, Bokashi-Eimer) benötigen Sie, wenn Sie …

… besonders hohe Ansprüche an das optische Erscheinungsbild Ihres Komposters stellen,

… jegliches Kompostiergut (inklusive Essensreste) ungeziefersicher kompostieren wollen,

… etwas schneller als üblich kompostieren wollen (Thermokomposter, speziell Thermo-Trommelkomposter),

… innerhalb eines Hochbeetes oder eines geschlossenen kleinen Beetes kompostieren möchten (zum Beispiel einem nicht zu trockenen, mit Vlies ausgelegten Randbeet an der Terrasse oder der Humusbox).

Es gibt viele Wege, um organische Abfälle aus dem eigenen Haushalt und dem Garten zu kompostieren. Suchen Sie den besten für sich aus! (Foto: Danie Nel/fotolia.com)

Spezialfall:
Wurmkisten

Neudorff

VERMIGRAND

Chris74/fotolia.com

sinuswelle/fotolia.com

VERMIGRAND

Bernd Kröger/fotolia.com

Da ist der Wurm drin!

Meist ist diese Aussage mit einer negativen Nachricht verbunden – das Gegenteil ist der Fall, wenn es sich um das Thema Kompostierung handelt. Hier sind die Würmer erwünscht, sie sind die VIPs im wahrsten Sinne des Wortes: „very important persons". Denn ohne sie geht nichts. Sie, das sind entweder Regen- oder Kompostwürmer. Sie produzieren den begehrten, fruchtbaren Wurmhumus!

Der in einer Wurmkiste oder Wurmbox entstehende Wurmhumus ist ein biologisch-organisches Düngemittel, das einen sehr hohen Nährstoffgehalt hat, mit dem Sie die Pflanzen trotzdem nicht überdüngen können. Wurmhumus gibt die Nährelemente und Feuchtigkeit langsam ab, fördert das Wurzelwachstum und steigert die Erträge. Durch seine zusätzlich enthaltenen, Pflanzen fördernden Wirkstoffe werden die mit Wurmhumus gedüngten Pflanzen gestärkt und damit widerstandsfähiger gegen Krankheitskeime. Und: Es gibt bei der Herstellung von Wurmhumus weder unangenehme Gerüche noch ein Verfallsdatum für ihn. Wurmhumus eignet sich zudem für die Anwendung bei fast allen Pflanzen, eine Ausnahme sind nur einige Zimmerpflanzen, wie Orchideen und Fleisch fressende Pflanzen.

Im Gegensatz zur Kompostierung im Komposthaufen, wo eine heiße Rotte stattfindet, wird das organische Material in einer Wurmkiste oder Wurmbox von den Würmern kalt umgesetzt, also nicht durch Abwärme des Stoffwechsels erhitzt wie bei der Zersetzung durch Mikroorganismen. Der aktivste Wurm in einer eigenen Wurmfarm ist der Mist- oder Kompostwurm *(Eisenia foetida)*.

Das Besondere: Um eine Wurmkiste oder Wurmbox zu betreiben, brauchen Sie nicht einmal einen Garten – es reicht dazu eine kleine Ecke auf Balkon oder Terrasse völlig aus! Je nach Details der Ausführung kann eine Wurmkiste auch im Keller oder in der Garage, sogar in einem Wohnraum verwendet werden.

Regenwürmer sind im Boden und im Kompost unersetzliche Helfer. (Foto: Mik122/istockphoto.com)

Stars der Wurmkiste

Jede Gärtnerin und jeder Gärtner freut sich schon allein beim Anblick eines Regen- oder Tauwurms *(Lumbricus terrestris)*. In 1 Quadratmeter gesundem Boden können bis zu 400 Regenwürmer wohnen. Die fleißigen Helfer durchpflügen pro Quadratmeter und Jahr etwa 3 Kilogramm Boden.

Doch angesichts der Leistungsfähigkeit eines Kompostwurms *(Eisenia foetida)* bekommen nicht nur Gärtner glänzende Augen! Während sich nämlich der Regenwurm hin und wieder mal ein Grashälmchen gönnt und auch in puncto Liebesleben sehr zurückhaltend ist, zeigt der viel agilere Kompostwurm, wenn er pfleglich behandelt wird, wahre Glanzleistungen:

Im Kompost lebt neben Kompost- oder Mistwurm, auch „Tennessee Wiggler" genannt, unter anderem auch der Riesen-Rotwurm *(Dendrobaena veneta)*, die beide sehr gefräßig sind. Die gierigen Verwandten der Regenwürmer fressen täglich bis zur Hälfte ihres Körpergewichts an organischem Material und scheiden es als Rohstoff für Humus wieder aus!

Um es Kompostwürmern einfach zu machen, zerkleinert man die organischen Küchenabfälle so gut wie möglich. Dieses Zerkleinern vergrößert nämlich die Fläche, auf denen sich Bakterien vermehren und so das Futter für die Würmer schon vorverdauen. Kompostwürmer fressen aber auch große Stücke, es dauert nur länger.

Um Wurmkompost herzustellen, braucht man keine großen Komposthaufen oder Anlagen. (Foto: mitchellsk/fotolia.com)

Kompostwürmer haben eine sensationelle Vermehrungsrate. Das liegt daran, dass der nächste Wurm in einer Wurmkiste nie weit entfernt ist. Aber auch die frühe Geschlechtsreife der Würmer trägt das ihre dazu bei. Bereits acht Wochen nach dem Schlüpfen aus dem Kokon sind die Würmer geschlechtsreif und auf Partnersuche! Übrigens: Tote Würmer werden Sie in einer Wurmkiste nicht lange zu sehen bekommen, da sie sich – wie die anderen organischen Materialien – darin schnell zersetzen. Die Ausscheidungen der Kompostwürmer nennt man Wurmerde oder, dann in Wasser gelöst, Wurmtee, der als Flüssigdünger eingesetzt werden kann. Wurmhumus nennt man die von den Würmern angereicherte Erde.

Fragen und Antworten rund um die Wurmkiste

1 Für wen ist die Wurmkiste ideal?

Wer auf beste Erde im Haus, auf Balkon und Terrasse oder im Garten nicht verzichten möchte, aber entweder keinen Garten besitzt oder aber da nicht kompostieren mag, der kommt mit dem Ergebnis aus der Wurmkiste voll auf seine Kosten!

2 Wie „funktioniert" die Wurm- und Kompostkiste?

Die Kiste ist aus Fichtenholz gebaut. Durch die atmungsaktiven Eigenschaften des Holzes sowie durch die Feuchtigkeit der organischen Abfälle entsteht ein spezielles Klima, in dem die Humusproduktion mithilfe der Würmer besonders schnell und einfach gelingt.

Wichtig ist auch, dass die Kiste in zwei Kammern unterteilt ist. Zunächst wird die eine Kammer mit Würmern und organischen Abfällen befüllt. Ist diese erste Kammer voll und sind die organischen Abfälle in Humus umgewandelt, wird die zweite Kammer befüllt. Die Würmer können durch ein Trenngitter hindurch in die Kammer mit den frischen organischen Abfällen wandern. Den fertigen, wurmfreien Kompost entnehmen Sie der von den Würmern abgearbeiteten Kiste und verwerten ihn für die Pflege der Pflanzen.

3 Was ist eine Wurmbox?

Mit der Wurmbox funktioniert die Wurmkompostierung genauso wie mit der Wurmkiste. Durch die besondere Anordnung der einzelnen Komponenten ist es möglich, die Verhältnisse optimal auf die Bedürfnisse der Kompostwürmer abzustimmen. Die Feuchtigkeit und der Sauerstoffgehalt in der Kompostkiste gewährleisten optimale Lebensbedingungen für die Würmer. Außerdem gibt es eine Entwässerungsmöglichkeit, um den Wurmtee zu entnehmen.

Eine Wurmbox ist erhältlich unter:

www.vermigrand.eu

4 Wie wird die Wurmkiste befüllt?

In beide Kammern der Kiste wird ein gelochter Ziegelstein gelegt (Löcher senkrecht), damit können sich die Kompostwürmer nicht nur im Winter auch mal verkriechen.

Mit diesem Wurmkompostsystem können Sie mithilfe von Kompostwürmern Ihren eigenen Biodünger auch im Haus oder in der Wohnung herstellen. (Foto: VERMIGRAND)

Dann wird eine Kammer der Kiste mit feuchtem zusammengeknäultem Zeitungspapier ausgelegt und darüber eine Schicht (5 bis 10 Zentimeter) Kompost-, Garten- oder Blumenerde gestreut. Jetzt wird die erste Kammer mit zerkleinerten Küchenabfällen gefüllt und die Würmer können einziehen.

Das Zeitungspapier dient den Würmern auch als Eiablageplatz und sollte daher regelmäßig erneuert werden. Diese Maßnahme hilft auch, wenn es in der Kiste zu feucht ist, dann saugt das Papier nämlich überschüssige Feuchtigkeit auf. Ist es in ihr hingegen zu trocken, legen Sie feuchtes Zeitungspapier hinein.

5 Welche Temperaturen bevorzugen die Würmer?

Am wohlsten fühlen sich die Kompostwürmer in einer feuchten, sauerstoffreichen und dunklen Umgebung mit einer Temperatur zwischen 15 °C und 20 °C. Sie halten es auch unter heißeren Bedingungen aus, man muss dann nur für genug Feuchtigkeit sorgen, damit die Würmer nicht austrocknen. Temperaturen bis 0 °C können die Würmer auch tolerieren, aber ihr Appetit wird stark darunter leiden.

6 Wie viele Würmer kommen in eine Kiste?

Beginnen Sie mit 500 Gramm Würmern, das sind circa 1 000 Exemplare. Geben Sie bei dieser Anzahl zunächst höchstens 200 Gramm Bioabfälle pro Tag als Futter in die Kammer. Da sich die Wurmpopulation der Futtermenge anpasst, können Sie die Ration allmählich auf 500 Gramm Abfälle täglich steigern.

7 Welche Abfälle kommen in die Wurmkiste?

Alle organischen Abfälle, die im Haushalt anfallen, können in die Wurmkiste: Obst- und Gemüsereste, Eierschalen und sonstige Lebensmittelreste, Filtertüten, Teebeutel und auch Papier oder Pappreste. Wichtig ist, dass die Abfälle zerkleinert werden, denn nur dann können die Würmer schnellstmöglich ganze Arbeit leisten.

Nicht in die Wurmkiste gehören schon verschimmelte Abfälle, Wurst, Fleisch, Fisch und Milchprodukte, und zwar wegen der entstehenden Geruchsentwicklung. Verwenden Sie auch nicht zu viel Zwiebeln und Knoblauch, das mögen die Würmer nicht. Auch Zitrusfrüchte sollten wegen des hohen Säuregehalts nicht zu häufig auf dem Speiseplan stehen.

8 Wie lange dauert das „Wurmieren"? Nach drei bis fünf Monaten können Sie den reifen Humus „ernten". Dafür sollten Sie acht Wochen vorher damit beginnen, die zweite Kammer vorzubereiten, und dann die organischen Abfälle nur noch dort einfüllen. Die Würmer wandern nun auf ihrer Futtersuche durch das Trenngitter in die neue Kammer. Was sie in der ersten Kammer hinterlassen, ist beste Komposterde zum Einsatz im Blumentopf oder Beet.

9 Wann kann ich den Kompost entnehmen?
Fertig ist der Kompost, wenn alle Abfälle völlig zersetzt sind. Dies geht bei der Wurmkompostierung deutlich schneller als bei „normalem" Kompost, weil in der Wurmkiste und der Wurmbox die Konzentration an Würmern und Mikroorganismen deutlich höher ist. Im fertigen Kompost finden sich kaum noch Würmer, weil darin ja praktisch alles Nahrhafte bereits aufgefressen ist. Um die Würmer zur Umsiedelung von der einen in die andere Kiste zu bewegen, hilft es auch, die leer gefressene Kiste trocken zu halten.

10 Wo sollte die Kompostkiste stehen?
Achten Sie darauf, dass die Kiste regengeschützt und nicht in der Sonne steht. Im Winter können Sie die Wurmkiste mit Decken oder Styroporplatten gegen die Kälte isolieren oder in den Keller stellen. Für vier bis fünf Wochen können Sie die Würmer auch mal alleine lassen. Sie sollten dann die Tiere vorher nochmals gut füttern und für eine ausreichend hohe Restfeuchtigkeit (zerknäultes, nasses Zeitungspapier) sorgen.

Hier bekommen Sie Kompostwürmer und Wurmboxen

www.wurmpower.at
www.vermigrand.eu/
http://www.humusbiobox.de/
www.wurmwelten.de/shop
http://www.kompostladen.de/shop/index.php
www.regenwurmfarm.at
http://www.regenwurm.de/

Zum Selbermachen: Die Wurmkiste

Welche Werkzeuge werden benötigt?

- Akkuschrauber
- Akkubohrer mit 3er-Holzbohrer
- Drahtschere
- Holztacker

Welche Materialien werden benötigt?

Stück	Material	Wofür	Länge x Breite x Stärke
1	Fichtenholz	Frontseite	63,5 cm x 39,5 cm x 2 cm
1	Fichtenholz	Rückseite	63,5 cm x 39,5 cm x 2 cm
2	Fichtenholz	Seitenteile	40 cm x 39,5 cm x 2 cm
1	Fichtenholz	Bodenplatte	63,5 cm x 43,5 cm x 2 cm
1	Fichtenholz	Deckelplatte	63,5 cm x 43,5 cm x 2 cm
4	Kantholz, Fichtenholz		38 cm lang; 2 cm x 2 cm
2	Kantholz, Fichtenholz		36 cm x 6,5 cm x 2 cm
2	Kantholz, Fichtenholz		38 cm x 2 cm x 2 cm
1	Kantholz, Fichtenholz		36 cm x 2 cm x 2 cm
1	Hasendraht		38 cm x 40 cm
2	Scharniere		35 mm x 65 mm
2	Metallketten, feingliedrig		je 35 cm lang
2	Haltegriffe		

Weitere Materialien
- gelochte Lehmziegelsteine
- Holzschrauben (3,5 cm x 35 mm)
- Holzschrauben (3,5 cm x 20 mm)

Welche Füllmaterialien werden benötigt?
- gelochte Lehmziegelsteine
- Zeitungspapier
- Kompost-, Garten- oder Blumenerde
- zerkleinerte Küchenabfälle

So geht's

Schritte	Material	Anleitung
Grundstock Teil 1	1 x Frontseite 1 x Bodenplatte 2 x Holzschrauben	Setzen Sie die Frontseite kantenbündig auf die Bodenplatte und verbinden Sie beide Teile rechts und links außen mit jeweils einer Holzschraube (3,5 cm x 35 mm). Alle Löcher für die Holzschrauben sollten mit einem 3er-Holzbohrer vorgebohrt werden, um ein Splittern des Fichtenholzes zu vermeiden.
Grundstock Teil 2	1 x Seitenteil 4 x Holzschrauben	Setzen Sie das Seitenteil (Höhe 39,5 cm) kantenbündig auf die Bodenplatte und verbinden Sie beide Teile rechts und links außen mit jeweils einer Holzschraube (3,5 cm x 35 mm).
Eckverbindung 1	1 x Kantholz 4 x Holzschrauben	Verstärken Sie die Eckverbindung zwischen Frontseite und Seitenteil. Bringen Sie ein Kantholz (38 cm, 2 x 2 cm) in die Ecke zwischen Frontseite und Seitenteil im Kisteninneren an, indem Sie mit vier Holzschrauben (3,5 cm x 35 mm) von außen Platte und Kantholz verbinden.
Grundstock Teil 3	1 x Rückseite 4 x Holzschrauben	Bringen Sie die Rückseite an die Bodenplatte an (siehe Anbringen der Frontseite).
Eckverbindung 2	1 x Kantholz 4 x Holzschrauben	Verstärken Sie die Eckverbindung (siehe Eckverbindung 1).
Grundstock Teil 4	1 x Seitenteil 6 x Holzschrauben	Setzen Sie das Seitenteil (Höhe 39,5 cm) kantenbündig auf die Bodenplatte. Verbinden Sie das Seitenteil mit je zwei Schrauben mit der Front- und Rückseite. Anschließend verbinden Sie das Seitenteil und die Bodenplatte mit zwei Holzschrauben.
Eckverbindung 3 u. 4	2 x Kantholz 8 x Holzschrauben	Verstärken Sie die Eckverbindung (siehe Eckverbindung 1).
Deckel Teil 1	1 x Deckelplatte 2 x Scharniere 8 x Holzschrauben	Bringen Sie den Deckel an der Rückseite an. Verbinden Sie beide Teile rechts und links außen mit den beiden Scharnieren und den Holzschrauben (3,5 cm x 20 mm).
Kettenverbindung	2 x Metallketten 4 x Holzschrauben	Bringen Sie am linken und rechten Seitenteil jeweils eine Metallkette mit einer Holzschraube (3,5 cm x 20 mm) an und verbinden Sie dann die Ketten mit einer Holzschraube und dem Deckel. Die Ketten sollen verhindern, dass der Deckel nach hinten außen klappt.
Haltegriffe	2 x Griffe 8 x Holzschrauben	Verwenden Sie dazu wieder die Holzschrauben (3,5 cm x 20 mm) und bringen Sie die Haltegriffe mittig außen an jeweils das rechte und linke Seitenteil an.
„Füße"	2 x Kanthölzer 4 x Holzschrauben	Verbinden Sie die beiden Kanthölzer (36 cm x 6,5 cm, 2 cm dick) außen rechts- und linksmittig mit jeweils zwei Holzschrauben (3,5 cm x 35 mm) mit der Bodenplatte.
Trenngitter	Holzschrauben	Verbinden Sie die Kanthölzer 2 cm x 38 cm lang und 2 cm x 36 cm lang (gleiche Längen gegenüber) mit Holzschrauben (3,5 cm x 35 mm) zu einem Rahmen. Legen Sie den Hasendraht auf den Rahmen und tackern Sie ihn an den Rahmen fest. Setzen Sie den Rahmen in die Mitte der Kiste ein.

Der Kompost ist fertig –
was nun?

www.kompostsieb.de

coco/fotolia.com

Edler von Rabenstein/fotolia.com

www.gardena.de

nubia87/fotolia.com

Alexander Raths/fotolia.com

Pflanzen ernähren – das Buffett ist eröffnet

Pflanzen sind Lebewesen mit besonderen Ansprüchen. Sie benötigen Wasser, Licht, einen passenden Standort – und „Futter" in Form von Nährstoffen. Dabei sind auch nicht alle Pflanzen gleich anspruchsvoll oder anspruchslos, die einen brauchen mehr Nährstoffe, um zu wachsen und Früchte zu tragen, die anderen sind äußerst genügsam oder entwickeln sich möglicherweise sogar schlechter, wenn sie zu viel gefüttert werden. Es gilt also auch beim Kompost: „Viel hilft viel" ist der falsche Weg, um Komposterde im Garten einzusetzen. Einige Details zur Ernährung Ihrer Pflanzen müssen Sie wissen, damit der Garten grünt und blüht und Sie jede Menge wohlschmeckender Früchte ernten können.

Und noch etwas sollten Sie beachten: In vielen Fällen sind Gartenböden mit Phosphaten überversorgt. Das sollte jeder Gartenbesitzer wissen, um die Düngung der Pflanzen darauf abzustimmen. Schicken Sie alle drei bis vier Jahre eine Bodenprobe Ihrer Gartenerde an ein Bodenuntersuchungslabor. Mit den Werten über die Nährstoffgehalte im Boden bekommen Sie dann noch eine Düngeempfehlung dazu.

Die Sache mit den Nährstoffen

Vielleicht erscheint eine Mineraldüngung, zum Beispiel mit einem Volldünger, zunächst einmal einfacher in der Handhabung. Und obendrein ist sie kurzfristig effektiver, weil mit ihr hohe Nährstoffmengen in pflanzenverfügbarer Form gegeben werden. Einseitige Mineraldüngung führt aber langfristig zu Humusmangel im Boden und zu seiner Versalzung, kurzum: Sie verändert dann Bodengefüge, Bodenleben und Bodenfruchtbarkeit zum ökologischen Nachteil. Damit haben auch Krankheitserreger bei den weniger widerstandsfähigen Pflanzen leichtes Spiel.

Kompostdüngung ist da langsamer unterwegs. Der volle positive Effekt der Kompostdüngung kommt erst nach kontinuierlicher Kompostausbringung zum Tragen. Stickstoffformen und Phosphor sind im Kompost nämlich zum Teil noch gebunden und müssen im Boden erst durch weitere Zersetzung pflanzenverfügbar gemacht werden. Eine Überdüngung ist somit einerseits kaum möglich, andererseits werden die Nährstoffe, die nicht gebraucht werden, auch nicht in tiefere Bodenschichten oder gar das Grundwasser ausgewaschen.

Die Verfügbarkeit der Nährstoffe im Gartenboden ist nicht nur von der Menge, sondern auch von der Bodenart und ihrem pH-Wert abhängig. Tonböden speichern vorübergehend einen Teil der Nährstoffe in den Tonmineralien, Sandböden tun das nicht.

Der pH-Wert

Der pH-Wert sagt etwas aus über die Konzentration der Wasserstoffionen im Boden; er kennzeichnet also den Säuregrad: Bei sauren Böden ist der pH-Wert niedrig, bei alkalischen hoch. Die meisten Gartenböden liegen im eher neutralen Bereich, nämlich zwischen 5,5 und 7. Das ist gut, denn sehr viele Gartenpflanzen gedeihen in diesem pH-Bereich am besten.

Der pH-Wert muss stimmen, denn in einem Boden mit ungünstigem pH-Wert sind verschiedene Nährstoffe für die Pflanzen nicht verfügbar, sie sind „festgelegt". Das heißt, die Pflanze kann diese Nährstoffe nicht aufnehmen, obwohl sie im Boden vorhanden sind. Auf Dauer kann das zu Mangelsymptomen führen. Welchen pH-Wert der Gartenboden hat, kann mit einem Lackmus-Test oder mithilfe einer Bodenanalyse ermittelt werden.

Um saure Böden zu verbessern und den pH-Wert zu erhöhen, empfiehlt es sich, Kalk, Algenkalk oder Basaltmehl einzuarbeiten. Bei alkalischen Böden senken zum Beispiel Granitmehl und Nadelkompost den pH-Wert. Düngekalk, der mit leicht löslichem Phosphor, Stickstoff und Kalium angereichert ist, sollte vermieden werden.

Damit die Kornelkirsche (Cornus mas) im Frühjahr so üppig blüht, muss der Standort, der pH-Wert des Bodens und die Nährstoffversorgung stimmen. (Foto: Nils Reinhard/OKAPIA)

Nährstoffe und was sie bewirken

Pflanzennährstoff	Bedeutung für die Pflanze
Stickstoff (N)	Wachstumstreiber, bedeutender Baustein von Eiweißen und von Chlorophyll
Phosphor (P)	Entscheidend für Blüten- und Fruchtausbildung
Kali (K)	Wird von der Pflanze für die Zell- und Gewebeausreifung benötigt und bewirkt bessere Winterhärte, besseres Aroma von Gemüsen und Früchten
Magnesium (MG)	Zentraler Baustein von Eiweißen und von Chlorophyll
Kalzium (Ca)	Aktivator für bakterielles Bodenleben, Säureregulator im Boden, bremst oder befördert dadurch die Nährstoffaufnahme der Pflanze; in der Pflanze wichtiger Zellbaustein zur Zellausreife
Spurenelemente (Aluminium, Bor, Eisen, Kupfer, Magnesium, Mangan, Molybdän, Schwefel, Zink)	Werden in kleineren Mengen benötigt, sind aber unabdingbar für den Ablauf von Stoffwechselprozessen in der Pflanze

Kompost für Bäume und Sträucher

„Baumscheibe" – das ist ein Begriff, der bei der Kompostversorgung von Gehölzen, Bäumen und Sträuchern immer wieder auftaucht. Es ist nämlich üblich, Gehölzen einen Kreis um ihre Stämme und Triebe zu ziehen, darin die Erde aufzulockern und kräftig Kompost oder Mulchmaterial zu verteilen. Aber stimmt das auch so?

Jeder Baum hat im Boden in etwa ein Wurzelvolumen, das demjenigen der Baumkrone ungefähr gleichkommt. Da das Wurzelwachstum immer von den Wurzelspitzen ausgeht, befinden sich die aktivsten Wurzeln nicht direkt am Stamm, sondern im Traufenbereich. Um den Baum zu füttern, bringt es also nicht viel, das in einem engen Radius rund um seinen Stamm zu tun. Deshalb ist es weitaus effektiver, ihm Kompost im gesamten Traufenbereich der Krone anzubieten.

Und die Düngermenge? Mit ihrem weit umherstreichenden Wurzelsystem erschließen sich Bäume sehr gründlich und effektiv die natürlichen Nahrungsreserven eines Bodens inklusive dem, was das Oberflächenwasser in ihn hineinspült.

Laubbäume und Sträucher benötigen deshalb eher geringe Düngergaben. Eine Ausnahme machen allerdings Obstbäume, die für ihre Fruchtbildung mehr Nährstoffe brauchen.

Empfohlene Kompostmenge für Laubbäume und Sträucher: 1 Liter Kompost pro Quadratmeter.
Bei einem Kronendurchmesser von 5 Metern (Radius 2,5 Meter) ergibt sich damit eine durchwurzelte Fläche von rund 19,5 Quadratmetern, was einer auszubringenden Kompostmenge von zwei 10-Liter-Eimern entspricht.

Der beste Zeitpunkt

Weil Kompost aus löslichen, für den Baum schnell verfügbaren Nährstoffen besteht und solchen, die im Boden zunächst freigesetzt werden müssen, gibt man Kompostdünger, ebenso wie alle anderen organischen Düngemittel, etwa drei Wochen früher, als man es mit Mineraldüngern tun würde. Geben Sie den Kompost-Jahresbedarf so, dass beide Hauptwachstumsphasen der Gehölze davon zu ihrer Zeit profitieren: 55 Prozent des Bedarfs Mitte April für den ersten Wachstumsschub, 45 Prozent Mitte Mai für den zweiten Wachstumsschub.

Koniferen wachsen anders

Nadelgehölze – zum Beispiel eine Kiefer *(Pinus sylvestris)* – zeigen eine im Jahresverlauf ganz andere Verteilung von Wurzelwachstum und Düngeraufnahme als Laubbäume. Die Wurzeln der Kiefer starten bereits Anfang April mit Wachstum und Nahrungssuche, passend zum ersten leichten Wachstumsschub im Mai. Dieses Frühjahrswurzelwachstum beträgt aber nur etwa ein Drittel des Anfang Juli einsetzenden und bis Mitte August anhaltenden, dreimal so starken Wurzelwachstums der Kiefer im Hochsommer. In dieser Zeit findet die Holzentwicklung und Holzreife statt, und deshalb wachsen Nadelgehölze jetzt am stärksten und nehmen am meisten Nährstoffe auf.

Nadelbäumen gibt man 35 Prozent des Kompostbedarfs Anfang April für den ersten Wachstumsschub, 65 Prozent Mitte Juni für den zweiten Wachstumsschub.

Gehölze und ihre Besonderheiten

Egal ob Obstgehölze, Rosen oder Rhododendren – geben Sie den Pflanzen, was ihnen guttut; nicht zu viel und nicht zu wenig.

- Obstgehölze: Vor allem Steinobst ist dankbar für Kompostgaben. Generell erhalten Obstbäume, je nach Wuchsform und Veredelungsunterlage (also auch

Wuchsstärke), 2 bis 4 Liter Kompost pro Jahr und Quadratmeter. Geben Sie 50 Prozent des Bedarfs Mitte April für den ersten Wachstumsschub, 50 Prozent Mitte Mai für den zweiten Wachstumsschub. Vorsicht beim Einarbeiten des Komposts: Die Gehölze wurzeln meist flach!

- Tafeltrauben und Beerensträucher: Sie erhalten, ebenfalls nach Wuchsstärke bemessen, 2 bis 3 Liter Kompost, eine Hälfte im April, die andere im Mai.
- Gartenheidelbeeren, Himbeeren, Erdbeeren: Im Gegensatz zu vielen anderen Pflanzen bevorzugen Gartenheidelbeeren einen sauren pH-Wert um 3,5 bis 4,5. Wer sie mit Kompost düngt, muss mit elementarem Schwefel nachsäuern, den zum Beispiel verschiedene Anbieter von Bodenhilfsstoffen im Sortiment haben. Leichte Nachsäuerung wird auch für Himbeeren empfohlen. Erdbeeren erhalten gedrittelte Kompost-Düngergaben: das erste Drittel acht Tage nach der Pflanzung, das zweite Drittel Anfang März und das letzte Drittel beim Knospenschieben. Empfohlen werden 2 bis 3 Liter Kompost pro Jahr und Quadratmeter.
- Rosen: Mit 4 bis 5 Liter pro Jahr und Quadratmeter ist der Kompostbedarf von Rosen recht hoch. 60 Prozent erhalten sie Mitte April für den ersten Wachstumsschub, 40 Prozent Mitte Mai für den zweiten Wachstumsschub.
- Rhododendren und andere Moorbeetpflanzen: Sie stehen auf sauren Böden, mit einem pH-Wert um 4 bis 5. Deswegen ist Kompost mit seinem neutralen bis leicht alkalischen pH-Wert für Rho-

dodendron & Co. ungeeignet, wenn Sie deren Boden nicht nachsäuern (zum Beispiel mit Rhodovital, Granitmehl oder Nadelkompost). Nur Winterheide *(Erica carnea)*, Cornwall-Heide *(Erica vagans)* und Englische Heide *(Erica x darleyensis)* und Rhododendron auf einer sogenannten INKARHO-Veredelungsunterlage – fragen Sie in der Gärtnerei oder sehen Sie beim Einkauf auf das Etikett – vertragen einen pH-Wert bis etwa 7.

Obstgehölze nehmen Kompostgaben dankbar an und produzieren dafür viele Früchte. (Lupo/pixelio.de)

Rosen sind eigentlich Tiefwurzler, hohe Kompostgaben verleiten die Wurzeln jedoch dazu, sich bodennah auszubreiten, nämlich dort, wo viele Nährstoffe zur Verfügung stehen. In sehr rauen, exponierten Lagen kann sich das negativ auf die Pflanzen auswirken. Denken Sie deshalb an einen guten Winterschutz und häufeln Sie die Pflanzen kräftig mit Erde an.

In diesem Teebeutel steckt jede Menge Energie und Nährstoffe für Pflanzen. Komposttees sind praktisch und zeitsparend. (Foto: www.gartenleben.at)

Tees für Pflanzen

Komposttees oder -auszüge zählten früher zu den guten Geheimtipps, die in der Gartenküche zur Düngung und Pflanzenstärkung gebraut wurden. Dafür werden Kompost, verschiedene Kräuter und Steinmehl in ein Leinentuch gegeben und über Nacht in einen Kübel mit Wasser gehängt. Ein großer Nachteil dieser selbst hergestellten Auszüge ist allerdings, dass die Zusammensetzung und Konzentration an Nährstoffen sowie die Vielfalt und Anzahl an Mikroorganismen in Hauskomposten starken Schwankungen unterliegen.

Komposttees haltbar machen

Ein frischer Kompostauszug muss rasch aufgebraucht werden. Das ist ein weiterer Grund, warum Kompost und Kompostauszüge bislang im Gartenfachhandel nicht erhältlich waren: Die unzähligen aktiven Mikroorganismen erschweren die Haltbarkeit und somit auch Verkaufsfähigkeit. GARTENleben (www.gartenleben.at) hat einen lang haltbaren Komposttee-Mix entwickelt. Dafür wird der Regenwurmkompost sorgsam getrocknet und mit biologischen Kräutermischungen, Nährstoffen und Steinmehl in Aufgussbeuteln abgefüllt. Wird der Aufgussbeutel in die Gießkanne gehängt, lösen sich die Nährstoffe, die Mikroorganismen vermehren sich und können direkt mit dem Gießwasser zu den Pflanzen gegossen werden.

Vielfältiges Leben im Komposttee

Seit einigen Jahren rückt neben der klassischen Düngung die Bodenbelebung mit Mikroorganismen immer mehr in den Vordergrund. Eine Besonderheit bieten hier die Komposttees, denn hier wird die Fülle an Mikroorganismen nochmals gesteigert. In getrockneten Komposttees befinden sich Mikroorganismen in „schlafenden" Dauerstadien. Wird der Komposttee mindestens 3 bis längstens 24 Stunden in Wasser angesetzt, erwachen die Mikroorganismen und vermehren sich explosionsartig. Während des Extraktionsvorgangs werden Mikroorganismen,

Nährstoffe und pflanzenstärkende Substanzen in eine flüssige Form gebracht.

In Studien wurde nachgewiesen, dass ein Liter dieses „Tees für Pflanzen" Milliarden von Mikroorganismen enthält. Eingesetzt wird der Tee zur Bodenbelebung oder sogar als vorbeugendes Stärkungsmittel gegen die verschiedensten Pflanzenkrank-

Saatgut sollte vor der Aussaat zwei bis drei Stunden im Komposttee quellen, das fördert die Entwicklung. (Foto: www.gartenleben.at)

heiten. Bestimmte stärkende Bakterien im Auszug können sogar in die Pflanzenwurzeln eindringen und die Pflanzen von innen besiedeln und schützen – Komposttees fördern somit die natürliche „Darmflora" der Pflanzen.

Vorrangiges Ziel des Komposttees ist es, Pflanzen nicht nur mit Nährstoffen zu versorgen, sondern über die Aktivität der Mikroorganismen auch Pflanzenwachstum und -gesundheit zu fördern, die Stresstoleranz zu erhöhen und dadurch den Ertrag zu steigern. Verschiedenste Mikroorganismen schützen Pflanzen vor Schaderregern und sind somit „Biopestizide".

Komposttees stärken die Abwehrkräfte der Pflanzen gegen Krankheiten. (Foto: www.gartenleben.at)

Schon beim Pflanzen kann etwas Kompost ins Pflanzloch gegeben werden. Die enthaltenen Nährstoffe fördern die Entwicklung. (Foto: Alexander Raths/fotolia.com)

Starthilfe – Kompost schon beim Pflanzen

Neben der jährlichen Düngung von Gehölzen mit Kompost, der sogenannten Erhaltungsdüngung, kann Kompost auch schon bei der Gehölzpflanzung eingesetzt werden. Sie dient der Bodenverbesserung. Doch worin besteht diese Verbesserung durch Kompost bei der Gehölzpflanzung? Sie liegt darin, dass der Kompost für die frisch gepflanzten Gehölze eine Starthilfe bedeutet. „Frisch gepflanzt" heißt ja, dass sich die Gehölze mit ihren Wurzeln fest im Boden verankern müssen. Und dass sich diese Wurzeln auf den Weg nach Nahrung begeben müssen, damit die Wunden des Umpflanzens schnellstmöglich heilen können und neues Pflan-

zengewebe aufgebaut werden kann. Bei all dem bedeutet Kompost den Gehölzen Hilfestellung und Erleichterung: Ein paar Schaufeln Kompost unter die Aushuberde des Pflanzlochs gemischt, lockert den Boden zusätzlich und mittelfristig bis zur Verrottung des Materials im Boden. Lang genug, um den neu gebildeten Wurzeln das umso leichtere Eindringen in den Boden rund ums Pflanzloch zu erleichtern. Die im Kompost enthaltenen Huminsäuren bewirken dabei noch etwas anderes: Sie regen die Wurzelbildung an. Darüber hinaus erhalten die neuen Wurzeln sowohl sofort freigesetzte als auch etwas später verfügbare Nährstoffe.

Kompost zur Rasenpflege

Rasen wurzelt relativ flach, durchdringt im Wesentlichen die oberen 20–30 Zentimeter des Gartenbodens. Deswegen muss Kompost bei der Neuanlage eines Rasens auch nur flach eingearbeitet werden. Geben Sie dann etwa drei Liter Kompost pro Quadratmeter. Achten Sie darauf, dass Sie dazu tatsächlich fein abgesiebten, reifen Kompost verwenden. Grobes organisches Material (wie Holzreste) im Boden führt leicht dazu, dass sich Hutpilze im Rasen bilden, wie „Hexenringe". Zu viel Kompost ist auch bei der Rasendüngung nicht zu empfehlen, denn ein hoher Anteil organisches Material zieht mit seiner Verrottung automatisch Senkungen des Bodens nach sich. Das Planum des Rasens soll sich nach der Rasenanlage aber nicht mehr groß verändern, sonst kommt es leicht zu Dellenbildung.

Für Kompostgaben beim Pflanzen gelten folgende Mischungsverhältnisse von Kompost Erde:
für sandigere Böden 1:5
für lehmigere Böden 1:4
Schätzen Sie in etwa die Erdmenge ab und fügen Sie ihr dann rund 20 (beziehungsweise 25 bei Lehmböden) Volumenprozent Kompost bei. Zu hohe Nährstoffgehalte können den jungen Wurzeln Wasser entziehen, sie also praktisch verbrennen. Der Kompost muss deshalb gründlich mit dem Aushubboden gemischt werden. Gründliches Angießen schlämmt dann das Erde-Kompost-Gemisch dicht an die Pflanzenwurzeln.

Vor allem bei der Neuanlage von Rasen lohnt es sich, Kompost mit einzuarbeiten. (Foto groß: M. Großmann/pixelio.de; Foto klein: stocksolutions/fotolia.com)

Nicht nur bei der Neuanlage eines Rasens, auch zur Pflege kann Kompost eingesetzt werden. Wie bei den Gehölzen verteilt sich die jährliche Kompostgabe auf zwei bis drei Gaben. Das Gras beginnt Mitte April durchzutreiben. Geben Sie die erste Kompostgabe daher etwa drei Wochen zuvor, also 2 Liter gegen Ende März. Die zweite Gabe von ebenfalls 2 Litern erfolgt zu Beginn des Sommers, Ende Juni. Die dritte – der verbleibende Liter – sechs Wochen später, also Anfang August. Die darin enthaltenen langsam fließenden Nährstoffe bereiten bereits die Herbstdüngung des Rasens vor. Ganz wichtig ist auch hier, dass der Kompost sehr fein gesiebt verteilt werden muss.

Die für Rasenflächen empfohlene Aufwandsmenge an Kompost liegt bei 5 Litern pro Quadratmeter und Jahr.

Bringen Sie die Frühjahrsgabe nach dem Frühjahrsvertikutieren aus, damit der feine Kompost zwischen die Halme auf den frisch aufgerauten Boden rieselt. Günstig ist für diese Arbeit ein Tag, dem bald ein kräftiger Regenschauer folgt, sodass der Kompost umso besser zwischen die Grashalme gespült und fein verteilt wird. Auch zerschlagen die Regentropfen die letzten groben Kompostkrümel und sorgen obendrein für einen optimalen Bodenschluss des Komposts an die zuvor beim Vertikutieren aufgeraute Erde. Den

Kompost vor dem Vertikutieren auszubringen würde bedeuten, dass sich ein erheblicher Teil davon im Rasenfilz verfängt und mit dem Vertikutieren wieder entfernt wird – unnütze Arbeit!

Bei der Sommergabe ist das Vertikutieren zuvor nicht unbedingt erforderlich. Hier ist es sogar günstig, wenn der Kompost in den Rasenfilz hineingerät. Denn Sie bringen mit dem Kompost ja gleichzeitig auch die in ihm enthaltene Mikroflora aus, und diese Beimpfung trägt mit dazu bei, dass Rasenfilz angesichts hoher sommerlicher Temperaturen schneller zersetzt wird – ausreichend Feuchte vorausgesetzt. Aber da können Sie durch Rasenbewässerung wenn nötig nachhelfen. Auch bei der Herbstgabe darf der Kompost auf den Rasenfilz geraten. Die sofort pflanzenverfügbaren Nährstoffanteile des Komposts geraten mit dem Regenwasser ohnehin schnell direkt in den Boden. Und für die erst nach und nach aus der organischen Masse freigesetzten Nährstoffe ist es sehr günstig, wenn sie dem Rasen erst allmählich in kleinen Mengen zur Verfügung stehen. Nach demselben Prinzip arbeiten auch die mineralischen Rasendünger. Sie enthalten gezielt langsam fließende Stickstoffformen, die zum einen nicht mit den Niederschlägen des Herbstes und des Winters in den Unterboden ausgeschwemmt werden – für die Rasenwurzeln dann unerreichbar –, die andererseits aber in geringem Maße sehr lange rasenverfügbar sind. Das kräftigt den Rasen im Winterhalbjahr und lässt ihn im Frühjahr schneller in Schwung kommen.

Etwas erhöhte Beete und dazwischen Rasenfläche: Das sieht nicht nur schön aus, sondern ist auch praktisch. (Foto: Jamie Hooper/shutterstock.com)

Bei freien Stellen im Rasen kann vor der Neuaussaat etwas Kompost in die Erde eingearbeitet werden. (Foto: U. Gernhoefer/fotolia.com)

Blütenfülle im Blumenbeet

luise/pixelio.de   *segovax/pixelio.de*   *Rolf Handke/pixelio.de*

Ob Einjährige, Zweijährige, Zwiebelpflanzen oder Stauden, gute Komposterde fördert die Blüten-bildung

Ähnlich wie bei den Gehölzen müssen auch im Blumenbeet die Ansprüche der Pflanzen beachtet werden:

- Austrieb und Blüte bewältigen Blumen-zwiebeln beispielsweise aus der Kraft ihrer gespeicherten Nährstoffe heraus. Man düngt sie deshalb erst gegen Ende ihrer Blüte mit Kompost, dann beginnt ihre eigentliche Wachstumsphase. Grö-ßeren Arten und Sorten gibt man 2 Liter Kompost pro Quadratmeter, kleineren nur 1.
- Zweijährige Blumen, die erst im zwei-ten Jahr zur Blüte kommen, haben im ersten Lebensjahr maximal den halben Bedarf an Kompost.

- Steingartenstauden sind üblicherweise an mineralreiche, trockene Standorte gebunden. Ihnen gibt man nur wenig bis gar keinen Kompost, um das mine-ralische Bodengefüge nicht zu verän-dern und damit nicht die Speicherka-pazität für Bodenfeuchte zu überhöhen.

Stauden, Gräser, Ein- und Zweijährige erhalten ihre Kompostgaben zu Beginn der Vegetationszeit, also Anfang bis Mitte April. Dann wird der Kompost zwischen ihnen ausgebracht und nur sehr ober-flächig eingearbeitet, da Stauden meist flach wurzeln. Stauden, die nach der ersten Blüte durch Rückschnitt zu einer

Nachblüte angeregt werden, wie Brennende Liebe, Katzenminze, Rittersporn, Ziersalbei, erhalten ihren Kompost allerdings in zwei Gaben: die erste im Frühjahr, die zweite direkt nach dem Rückschnitt.

Die Kompostmenge richtet sich nach der Wüchsigkeit und damit dem Nährstoffbedarf der Pflanzen:

Stauden, Gräser, Ein- und Zweijährige mit sehr hohem Nährstoffbedarf erhalten etwa 4 Liter Kompost pro Jahr und Quadratmeter.

- Stauden, Gräser, Ein- und Zweijährige mit hohem Nährstoffbedarf erhalten etwa 2 bis 3 Liter Kompost pro Jahr und Quadratmete
- Stauden, Gräser, Ein- und Zweijährige mit mittlerem bis mäßigem Nährstoffbedarf erhalten etwa 1 bis 2 Liter pro Jahr und Quadratmeter.
- Arten beziehungsweise Sorten mit geringerem Nährstoffbedarf erhalten 1 Liter pro Jahr und Quadratmeter.

Die meisten Stauden werden zum Austrieb mit Kompost gedüngt. Eine zweite geringere Gabe gibt es im Sommer. (Foto groß: M. Großmann/pixelio.de; Foto klein: Wolfgang Dirscherl/pixelio.de)

Nährstoffe zur Düngung der Teichrandpflanzen dürfen nicht ins Wasser gelangen, sonst kommt es zur Eutrophierung. (Foto: Rainer Sturm/pixelio.de)

Kompost für Gartenteichpflanzen

Auch zur Düngung der Stauden und Gräser am und im Gartenteich lässt sich Kompost verwenden. Allerdings muss die Anwendung sehr vorsichtig und korrekt durchgeführt werden, denn geraten seine Nährstoffe in das Teichwasser und führen sie dort zu Nährstoffüberfluss, ziehen sie zwangsläufig entweder Algenwachstum oder aber eine Belastung des Filtersystems nach sich. Daher sollte stets vorab die Überlegung stehen, ob die Teichpflanzen tatsächlich eine Düngung benötigen. Wenn sich am Bodengrund des Teiches eine Mulmschicht befindet, sind daraus im Teichwasser üblicherwei-

se auch pflanzenverfügbare Nährstoffe gelöst. Dasselbe gilt auch bei Fischbesatz im Teich: Jede Futterflocke, jeder Futterstick bedeutet zugleich auch eine Pflanzendüngung – spätestens dann, wenn die Futterreste den Fisch wieder verlassen haben.

Kompost zur Pflanzung

Sind Fische im Teich vorgesehen, ist eine Düngung der Wasserpflanzen also nicht nötig. Beim Bepflanzen der verschiedenen Teichzonen kann eine Kompostdüngung aber sinnvoll sein.

Ein selbst hergestelltes Pflanzsubstrat für Wasserpflanzen besteht aus Lehm, dem 10 bis 15 Volumenprozent reifer Kompost gründlich untergemengt werden. Es muss Lehm sein, weil er Nährstoffe besser bindet, bis sie von der Pflanze aufgenommen werden. Aus Sand würden sie leichter ausgewaschen werden. Mit diesem Gemisch setzen Sie die Wasserpflanzen, zum Beispiel Seerosen, in ihre Pflanzkörbe.

Wie alle anderen humusverträglichen Gartenstauden können Sie die Pflanzen am Teichrand pro Quadratmeter und Jahr mit folgenden Kompostmengen düngen:

- Uferpflanzen mit sehr hohem Nährstoffbedarf, wie die Sumpfschwertlilie, bekommen etwa 4 Liter.
- Uferpflanzen mit hohem Nährstoffbedarf, wie Sumpfdotterblume und Bunter Wasserschwaden, bekommen etwa 2 bis 3 Liter.
- Uferpflanzen mit mittlerem bis mäßigem Nährstoffbedarf, wie Sumpf-Vergissmeinnicht und Froschlöffel, bekommen etwa 1 bis 2 Liter.
- Schwach wachsende Uferpflanzen mit geringerem Nährstoffbedarf, wie Rosenprimel und Zwergrohrkolben, bekommen 1 Liter.

Es empfiehlt sich, die genannten jährlichen Pflegemengen in drei Gaben verteilt um Mitte März, Ende Mai und Mitte Juli auszubringen – und das auch nur dort, wo die Nährstoffe nicht Gefahr laufen, mit dem nächsten Oberflächenwasser in den Teich gespült zu werden.

Wasser im Garten – das ist für viele Nützlinge attraktiv. (Foto: Ute Mulder/pixelio.de)

Abgestorbenes pflanzliches Material muss regelmäßig aus dem Teich gefischt werden. (Foto: purplequeue/shutterstock.com)

Kompost im Gemüsegarten

Kompost und Gemüsegarten – diese beiden Begriffe werden allzu gerne miteinander verwoben, weil sie eine Anmutung von gesundem Gartenboden, ökologisch wertvoll erzeugter und damit hoher Gemüsequalität, von leckerem Geschmack und gesunder Ernährung haben. Und tatsächlich ist es so, dass intensive Kompostwirtschaft im Gemüsegarten fruchtbarere Böden mit fortlaufend fließendem Nährstoffstrom bedeuten, leicht durchwurzelbar und reich an Bodenleben.

Aber auch hier ist differenziertes Denken wieder einmal angebracht. Gemüse, das ist nichts anderes als ein Sammelsurium an Nahrungspflanzen, wie es unsere gärtnerische Kulturgeschichte auf unsere Beete gespült hat. Denn die Stammpflanzen unserer heutigen Gartengemüse entstammen unterschiedlichen natürlichen Lebensräumen und Standorten und sind dennoch jetzt auf einem in Bodenart und -qualität gleichartigen Gemüsebeet zusammengestellt. Kohl beispielsweise ist ursprünglich eine Küstenpflanze und steht auf lehmige, nährstoffreiche Böden. Möhren hingegen, ihrer Herkunft nach Wiesenpflanzen, sind auf leichteren, humosen, leicht feuchten Böden zu Hause.

Damit Gemüse sich optimal entwickelt und eine reiche Ernte bringt, ist eine ausgewogene Düngung mit Kompost empfehlenswert. (Foto: Paul-Georg Meister/pixelio.de)

Was Gemüse wollen

Um den Ansprüchen von Gemüse an die Versorgung im Garten dennoch halbwegs gerecht zu werden, unterteilt man sie nach ihrem Nährstoffbedarf. So werden sie traditionell gerne in Starkzehrer, Mittelstarkzehrer und Schwachzehrer unterschieden.

Starkzehrer sind beispielsweise Blumenkohl, Brokkoli, Chinakohl, Kohlrabi, Kopfkohl, Kürbis, Porree, Rosenkohl, Spargel, Sellerie, Tomaten und Zuckermais. Etwa 3 Liter Kompost pro Jahr und Quadratmeter werden empfohlen.

Mittelstarkzehrern, zu denen unter anderem Eissalat, Endivien, Gurke, Kartoffeln, Möhren, Rhabarber, Rettich, Rote Bete, Spinat und Zucchini zählen, werden etwa 2 Liter Kompost pro Jahr und Quadratmeter zugesprochen.

Für Schwachzehrer, das sind zum Beispiel Bohnen, Erbsen, Feldsalat, Kopfsalat, Mangold, Paprika, Petersilie, Radieschen, Salat, Schnittlauch, Spinat und Zwiebeln, gilt etwa 1 Liter Kompost pro Jahr und Quadratmeter als angemessen.

Paul Georg Meister/pixelio.de   *Maren Beßler/pixelio.de*   *Barbara Eckholdt/pixelio.de*

Die Kompostmenge richtet sich nach den Nährstoffbedürfnissen der Gemüse.

Gründüngung

Die meisten Gemüse werden bis zum Herbst, spätestens frühen Winter abgeerntet. Bleiben die Beete dann bis zum nächsten Frühjahr kahl liegen, werden wertvolle Nährstoffe ausgewaschen, die dann ins Grundwasser gelangen. Damit das nicht geschieht, lohnt es sich, nach der Ernte Gründüngungspflanzen auszusäen.

Mit ihrem weit in die Tiefe reichenden Wurzelwerk lockert Phacelia den Boden. Sie ist aber auch als Bienenweidepflanze sehr nützlich. (Foto: Günter Schad/pixelio.de)

Vom Spätsommer bis in den Frühherbst hinein, sobald die Gemüsebeete abgeräumt sind, können zum Beispiel Phacelia, Buchweizen, Ölrettich eingesät werden. Die Gründüngungspflanzen haben unterschiedliche Wirkung auf den Boden. Während Sonnenblumen, Ölrettich und Bitterlupinen tiefgehende Wurzeln haben und zur Lockerung der unteren Bodenschichten beitragen, sind Leguminosen wie Erbsen, Bohnen, Wicken und Klee wichtige Stickstofflieferanten für den Garten. Dabei wird der in der Luft vorkommende Stickstoff von bestimmten Bakterien, die an den Wurzeln der Leguminosen leben, in organischer Form gebunden.

Alle Gründüngungspflanzen können während der Vegetationszeit bis August ausgesät werden. Die nicht winterharten erfrieren beim ersten Frost und bleiben als schützende Bodendecke über Winter liegen. Die winterharten, zum Beispiel Winterroggen, verbrauchen Stickstoff und schützen ihn so vor Auswaschung in das Grundwasser. Wintergetreide kann bis Ende Oktober gesät werden. Einziger Nachteil: Wintergetreide bildet ein sehr dichtes Wurzelwerk aus und ist später nur mit höchster Kraftaufwendung in den Boden einzuarbeiten.

Bei der Gründüngung muss immer darauf geachtet werden, dass Pflanzen aus derselben Familie nicht hintereinander an derselben Stelle angebaut werden, zum Beispiel Sonnen- oder Ringelblumen nicht vor oder nach Salaten. Das gilt in besonderem Maße bei Kreuzblütlern wie Kohlgewächsen. Eine Gründüngung mit Senf ist deshalb gar nicht so gut, wie oft empfohlen.

Wicken, Sonnen-, Ringel-, Studentenblumen, aber auch Borretsch und vor allem Phacelia sind besonders nützliche Gründüngungspflanzen, weil sie auch als Bienenweide gute Dienste leisten.

Überdüngung vermeiden

Die Angaben und Empfehlungen zur Kompostdüngung, die von Fachleuten, verschiedenen Foren oder auf Internetseiten gegeben werden, sind recht unterschiedlich. Die moderne Kompostforschung, und hier im Besonderen Dipl.-Ing. Martin Jauch (†) von der Hochschule Weihenstephan-Triesdorf (HWST), hat sich deshalb bezüglich der Kompostdüngung für Gemüsepflanzen auf neue Wege begeben, indem die Tatsache miteinbezogen wurde, dass heutzutage 86 Prozent der Hausgärten mit Phosphaten übersättigt sind. Die Kompostdüngung neuer Art nach Martin Rauch teilt deshalb die Gemüse nicht mehr in Stark-, Mittelstark- und Schwachzehrer ein, sondern orientiert sich am Phosphatbedarf von Boden und Pflanze, um die unökologische Überdüngung von Gartenböden nicht weiter fortzusetzen. Stickstoff und Kalium können, wenn der Kompostgehalt dann nicht zur kompletten Abdeckung des Pflanzenbedarfs ausreicht, aus umweltverträglichen organischen anderen Düngern gegeben werden.
Die Gemüse werden gegliedert in hohen, mittleren und geringen Phosphatbedarf.

Zu den Gemüsen mit hohem Phosphatbedarf zählen Blumenkohl, Brokkoli, Kürbis, Sellerie, Tomate, Wirsing und Zuckermais. Sie erhalten 4 bis 6 Liter Kompost pro Quadratmeter und Kulturdauer, ergänzt durch 25 Gramm pro Quadratmeter Stickstoff sowie 20 Gramm Kalium. Kürbis, Sellerie und Tomate erhalten 30 bis 40 Gramm Kalium, weil sie davon mehr benötigen.

Als Gemüse mit mittlerem Phosphatbedarf werden Gurke, Endivie, Kartoffel, Mangold, Möhre, Paprika, Porree, Rettich, Rhabarber, Rote Bete, Rotkohl, Spinat, Stangenbohnen und Weißkohl eingestuft. Für diese Kulturen werden 2 bis 4 Liter Kompost pro Kultur empfohlen. Sie erhalten Ergänzungsfutter in Form von 15 bis 20 Gramm Stickstoff. Düngen Sie Kartoffeln, Möhren, Rhabarber, Rote Bete, Rotkohl und Weißkohl mit 20 bis 25 Gramm Kalium. 10 bis 15 Gramm Kalium hingegen bekommen Gurke, Endivie, Mangold, Paprika, Rettich, Spinat und Stangenbohnen.

Einen niedrigen Phosphatbedarf haben die Gemüse Buschbohne, Chicorée, Erbse, Feldsalat, Knollenfenchel, Kopfsalat und Radieschen. Für sie reichen denn auch 1 bis 2 Liter Kompost pro Quadratmeter und Jahr, ergänzt von 10 bis 15 Gramm Stickstoff und 10 Gramm Kalium (bei Feldsalat 5 Gramm Stickstoff, 3 Gramm Kalium).

Überdüngung vermeiden: Das gilt auch für Topfpflanzen. (Foto: juripozzi/istockphoto.com)

Kräuter mit Kompost düngen

Ja, Sie hören ganz richtig: Auch Kräuter brauchen Dünger. Angeblich, so die landläufige Meinung, wachsen gedüngte Kräuter zu stark und bilden dann zu wenig Aromen aus, doch gerade deswegen werden sie ja schließlich angepflanzt. Wenn dem so wäre: Woraus bauen Kräuter ihre Wurzeln, Stängel, Blätter, Blüten und Samen, wenn nicht aus Nährstoffen? Und warum vergilbt und vergammelt so mancher Basilikum auf der Fensterbank zwischen Spüle und Küchenfenster? Nicht nur wegen Lichtmangel und zu häufigem

Gießen; oft ist auch das fehlende „Futter" daran schuld!

Die Frage ist also nicht, ob Kräuter überhaupt gedüngt werden sollten, sondern welche Kräuter wie viel davon erhalten sollten. Dabei ist der Nährstoffbedarf der Kräuter leicht ablesbar an der Masse, die sie produzieren. Diese Menge kann im Wachstum und der starken Bildung von Blattmasse begründet sein, zum Beispiel bei der Zitronenverbene *(Aloysia triphylla)*, die nicht nur verholzt, sondern die obendrein in einem Jahr leicht anderthalb Meter Höhe erreichen kann. Auch wenn intensiv geerntet wird, regt das viele Kräuter zu fortlaufend starkem Wachstum an; Beispiele hierzu sind Liebstöckel, Minzen, Schnittlauch, glatte Petersilie, Zitronenmelisse. In etwa lässt sich daher auch für Kräuter die bei Gemüsen und auch Stauden verwendete Einteilung in Starkzehrer, Mittelstarkzehrer und Schwachzehrer nutzen, um eine Einschätzung ihres Düngebedarfs mit Kompost zu haben.

Kompost bietet Kräutern einen, im Vergleich zu Mineraldüngern, langsameren Nährstofffluss. Geben Sie Kräutern Ihre Kompostdüngung also stets etwa drei Wochen vor dem Abruf der Nährstoffe durch die Pflanze, weil die Nährstoffe zunächst aus dem organischen Material des Komposts im Boden freigesetzt werden müssen.

Übrigens sind vor allem auch Wurmkompost (siehe Seite 34) und Komposttees (siehe Seite 82) für Kräuter empfehlenswert.

Ansprüche von Küchenkräutern an ihre Düngung

Kräuter mit sehr hohem Nähr-stoffbedarf	Kräuter mit hohem Nähr-stoffbedarf	Kräuter mit mittlerem bis mäßigem Nährstoffbedarf	Kräuter mit geringerem Nährstoffbedarf
Engelwurz, Gartenmelde, Kapuzinerkresse, Liebstöckel, Meerrettich, Schwarze Stock-rose, Zitronen-verbene	Agastachen, Beifuß, Borretsch, Brunnenkresse, Duftpelargonie, Estragon, Fruchtsalbei, Guter Heinrich, Kümmel, Lavendel, Lorbeer, Minze, Petersilie (glatte), Pe-ruanische Kresse, Rosmarin, Schnittlauch, Schnittsellerie, Zitronenmelisse	Basilikum, Bohnenkraut, Dill, Eberraute, Erdbeerspi-nat, Griechischer Bergtee, Fenchel, Kerbel, Koriander, Majoran, Oregano, Petersilie (krause), Portulak, Rau-ke, Salbei, Sauerampfer, Vietnamesischer Koriander, Wermut	Bergbohnen-kraut, Garten-kresse, Thymian, Weinraute

Kräuter mit sehr hohem Nährstoffbe-darf erhalten etwa 4 Liter Kompost pro Jahr und Quadratmeter.

Kräuter mit hohem Nährstoffbedarf er-halten etwa 2 bis 3 Liter Kompost pro Jahr und Quadratmeter.

Kräuter mit mittlerem bis mäßigem Nährstoffbedarf erhalten etwa 1 bis 2 Liter Kompost pro Jahr und Quadrat-meter.

Kräuter mit geringerem Nährstoffbe-darf erhalten 1 Liter Kompost pro Jahr und Quadratmeter.

Kompost für Kübelpflanzen und Zimmerpflanzen

Kübelpflanzen und Zimmerpflanzen ste-hen nicht im gewachsenen Gartenboden, sondern stattdessen in einem Pflanzge-fäß. Auch stehen sie nicht in der Erde, sondern in einem Substrat, also in Blu-menerde, denn Topf- und Kübelpflanzen gedeihen aus verschiedenen Gründen nicht in reinem Gartenboden. Gleichwohl ist Kompost durchaus auch für die Ver-wendung bei Topf- und Kübelpflanzen geeignet. Beispielsweise lässt sich beim Topfen und Umpflanzen von Kübelpflan-zen & Co. ausschließlich reifer, feinkrüme-liger Kompost mit einem Volumenanteil von 20 bis 50 Prozent einer Blumenerde beimengen.

Die Pflanzen müssen in einem engen Wurzelraum wachsen, mit den im Topf gegebenen Verhältnissen. Sie können nicht, wie Gartenpflanzen, mit ihren Wurzeln auch mal ausweichen. Bei Topf- und Kübelpflanzen sollte deshalb eine besondere Sorgfalt in puncto Düngung walten. Wichtigste Regel: Sie müssen die Ansprüche Ihrer Topf- und Kübelschätze an den Boden kennen, um sie erfüllen zu können.

Wird selbst erzeugter Kompost für die Topfpflanzen verwendet, ist etwas Vorsicht geboten, denn aus dem Kompost stammende Krankheiten können leicht auf die Pflanzen übertragen werden. In den seltensten Fällen nämlich vollzieht sich im Kompost des Hausgartens tatsächlich eine heiße, desinfizierende Rotte. So können vor allem Welkepilze (wie *Cylindrocladium, Physarium, Phytophtora, Pythium, Rhizoctonia)* gerade den Topf- und Kübelpflanzen den Garaus machen, wenn sie im Kompost überdauern konnten. Sollten also Topfpflanzen aus unerklärlichem Grund eingehen, entsorgt man sie im Zweifelsfall besser über die Bio- oder Restmülltonne und kompostiert diese Pflanzen nicht.

Die Mischung macht's

Nutzen Sie für Topf- und Kübelpflanzen ausschließlich sehr reifen, feinkrümeligen Kompost. Am besten machen Sie vorher einen Kressetest, bevor Sie ihn verwenden. Und wer in großem Umfang Kompost für die Topfpflanzen nutzt, dem sei eine Bodenprobe ans Herz gelegt, die die genauen Werte der Komposterde offenbart. Komposterde, pur verwendet, verschlämmt oder verdichtet sich im Topf nämlich sehr schnell und ist obendrein meist zu nährstoffreich. Das heißt, der Kompost muss zum Beispiel mit Sand oder Kokosfasern, sogenannten Zuschlagstoffen, gemischt werden. Mithilfe dieser Zuschlagstoffe entstehen dann ganz eigene, individuelle Kompost-Substrate. Je weniger Sie dabei wissen, was Sie da in welchem Verhältnis zusammenmixen, desto unkalkulierbarer ist das Ergebnis in seiner Wirkung auf die Pflanzen und ihre Bedürfnisse. Je genauer Sie die Pflanzen und ihre Bedürfnisse kennen, desto besser gedeihen die Pflanzen.

So geht's

1 Als Basisrezept werden 20 Liter Kompost mit 20 Liter grobkörnigem Sand und zwei aufgelösten Ziegeln Kokosfasern (zusammen circa 15 Liter) vermengt.

2 Vertragen die Pflanzen einen neutralen bis etwas höheren pH-Wert, werden 100 Gramm Hornmehl und 300 Gramm (Ur-)Gesteinsmehl (im einfachsten Fall Lehm) dazugegeben.

3 Benötigen die Topfpflanzen einen niedrigeren pH-Wert, kommt kein Gesteinsmehl hinzu und anstelle des Hornmehls werden Nadelkompost oder 50 Gramm schwefelsaurer Ammoniak

(circa zwei gehäufte Esslöffel voll) gegeben. Sie werden erstaunt sein, wie gut die Pflanzen auf die perfekt abgestimmte Erdmischung reagieren.

Tipps und Tricks

Ein gutes Rezept ist auch, Blumenerde mit eigenem Kompost zu mischen – für Getopftes mit geringem Nährstoffbedarf zu etwa 20 Volumenprozent, für Getopftes mit hohem Nährstoffbedarf zu etwa 50 Volumenprozent.

Und um Topf- und Kübelpflanzen eine Erneuerungskur zu verpassen und sich dabei das Umtopfen zu ersparen, ist eine Kompostgabe oder ein Komposttee-Guss ebenfalls gut geeignet. Das erspart Ihnen

Zeit und Mühe, und Sie müssen keinen schweren Sack Erde auf den Balkon tragen.

So geht's

1 Werden die Pflanzen „von oben" gegossen, wird die zuvor aufgeraute Erdoberfläche 1 Zentimeter hoch mit Reifkompost bestreut.

2 Wenn Sie „von unten" gießen, über einen Untersetzer oder Wasservorratsbehälter, dann stoßen Sie mit einem spitzen Holzstab mehrere Löcher in den Wurzelballen, etwa 2 Zentimeter im Durchmesser und bis zum Topfboden. Diese Hohlräume werden mit Kompost befüllt.

Die Mischung macht's: Regenwurmhumus und Sand im richtigen Mischungsverhältnis ist die beste Erde für Zimmerpflanzen. (Foto: VERMIGRAND)

In Kompostwerken wird die Temperatur im Kompost während der Rottephase ständig kontrolliert. (Foto: Alho007/fotolia.com)

Wenn der eigene Kompost nicht reicht

Haben Sie einen höheren Kompostbedarf, den Sie mit dem eigenen fertigen Kompost nicht decken können? Wollen Sie für die Verwendung von Komposten bei Gemüsen, Kräutern, Kübel- und Zimmerpflanzen in Sachen Pflanzenkrankheiten und Hygiene auf Nummer sicher gehen? Dann besteht die Möglichkeit, Frischkompost oder Fertigkompost in einem zertifizierten Kompostwerk zu kaufen.

Kompostwerke stellen Komposte aus Grüngut und organischen Abfällen her, wie es bei Kommunen, Haushalten und Unternehmen anfällt. Der anfallende Reifekompost oder Fertigkompost ist bereits durchkompostiert und dabei biologisch stabilisiert. Weil Kompostierwerke, anders als üblicherweise im Hausgarten, auch schnell verrottende Abfälle in großen Mengen verarbeiten, erreichen sie die gewünschte heiße Rotte, sodass der Kompost zuverlässig hygienisiert ist.

In Österreich gibt es den Kompostgüteverband Österreichisch (KGVÖ, A-Weibern, www.kompost.at), der das „Österreichische Kompostgütesiegel" vergibt.

Dort erfolgt die Zertifizierung entlang den Vorgaben der ÖNORM S 2205 (Kompostverordnung), plus darüber hinausgehende Zusatzanforderungen. Zertifizierte Kompostanbieter finden sich in Österreich in Hohenruppersdorf und in Waidhofen an der Thaya (NÖ), in Bad Hall, St. Pantaleon und St. Peter am Hart (OÖ), in Kirchbichl (T), Allerheiligen (Stmk), Lustenau (Vbg) und Lobau (W).

In Verkehr gebrachte Komposte unterliegen dem Düngemittelrecht. Das bezeichnet sie als „Organische NPK-Dünger" (das Kürzel NPK steht dabei für Stickstoff, Phosphor und Kali). Auf der Verpackung müssen die Gehalte dieses Komposts an Stickstoff, Phosphor und Kali genannt sein, ebenso die seiner Produktion zugrunde liegenden Ausgangsstoffe. Welche das grundsätzlich sein dürfen, regeln Düngemittelverordnung (DüMV) und Bioabfallverordnung (BioAbfV).

Die RAL-Gütesicherung

Eine RAL-Gütesicherung, die es in Deutschland gibt, prüft alle für die Kompostqualität wichtigen Parameter. So macht sie beispielsweise qualifizierte Aussagen über die Körnungsgröße des Komposts, sein Volumengewicht, seinen Salzgehalt und pH-Wert, seine löslichen und noch gebunden enthaltenen Pflanzennährstoffe inklusive der Mikronährstoffe bis hin zu Hinweisen zur sachgerechten Anwendung dieses Komposts.

Kompost wird aus mehreren, an verschiedenen Orten in unterschiedlichen Mengen anfallenden Abfallarten erstellt. Erst die Aussagen über die „inneren Werte" eines Komposts ermöglichen es, Kompostqualitäten nicht willkürlich,

Damit die Verrottung optimal abläuft und es durch Luftabschluss nicht zum Schimmeln kommt, wird der Kompost belüftet. (Foto: fbxx71/fotolia.com)

sondern qualifiziert und miteinander vergleichbar herzustellen und zu vertreiben. Das sorgt für Sicherheit bei der Kompostverwendung, indem damit klar ist, für welche Zwecke der Kompost in welchen Mengen zweckdienlich angewendet werden kann.

Bodenpflege –
die richtigen Geräte

Peter Smola/pixelio.de

www.kompostsieb.de

Dieter Schütz/pixelio.de

Susanne Schmich/pixelio.de

Erika Hartmann/pixelio.de

www.gardena.de

Das Handling mit den Gartenabfällen

Auf einen eigenen Komposthaufen zurückgreifen zu können verleitet dazu, alle anfallenden Gartenabfälle einzusammeln und sie darauf zu deponieren. Bedenken Sie aber, dass der Komposter in aller Regel ein begrenztes Aufnahmevolumen hat. Insofern kann es praktisch sein, kleinere Abfallmengen nicht erst auf den Kompost zu bringen, sondern sie direkt im Garten „verschwinden" zu lassen – indem Sie diese Abfälle einen halben bis ganzen Spatenstich tief eingraben und sie abschließend mit Erde bedecken.

Für alles Einsammeln von kompostierwürdigen Gartenabfällen ist die Schiebkarre der Klassiker. Hilfreich sind auch die leicht zu handhabenden (und zu verstauenden) Pop-up-Gartensäcke. Um beim Abfällesammeln alle erforderlichen Werkzeuge (Schneidwerkzeuge, Unkrauthacke, Harke, breitenverstellbarer Fächerbesen, Besen, Kehrblech und Handbesen) und Hilfsmittel (Abfallsäcke, Arbeitshandschuhe) an Ort und Stelle zu haben, ist ein Garten-Caddy nützlich.

Im Verlauf eines Gartenjahres fallen nasse, leicht kompostierbare Gartenabfälle und demgegenüber trockene, schwieriger kompostierbare Gartenabfälle zu unterschiedlichen Zeiten in unterschiedlichen Mengen an. Für die optimale Rotte (siehe Seite 24) aber müssen stets beide Kompostkomponenten in einem günstigen C:N-Verhältnis (siehe Seite 37) miteinander vermengt auf dem Kompost geschichtet werden. Daher ist es sinnvoll, trockenes Schnitt- oder Häckselgut (wie zum Beispiel trockene, verholzte Staudenabfälle, zerkleinerte Halme von Gartengräsern, Zweighäcksel, Laubhäcksel) in Säcken zu sammeln (besser die lüftenden Zwiebelsäcke als die nicht lüftenden Plastiksäcke) und in Gartenschuppen oder Garage trocken zu lagern. Dieser Vorrat wird dann benötigt, wenn viele nasse Gartenabfälle (zum Beispiel Rasenmähgut, Fallobst, Gemüseerntereste) anfallen.

Gartenabfälle zerkleinern

Zwar zerkleinern Pilze und Bakterien mit der Zeit jedes organische Material – aber eben erst „mit der Zeit". Aus diesem Grund wird Geäst und alles andere grobe Material zerkleinert, damit es umso zügiger von den Mikroorganismen zersetzt werden kann.

Schnittgut fällt bei Gartenarbeiten zuhauf an. (Foto scottbeard/istockphoto.com)

Dieses Vorzerkleinern ist im Grunde nichts anderes als eine Oberflächenvergrößerung: Die Splitter eines zerhäckselten Astes haben eine größere Gesamtoberfläche, als es der intakte Ast zuvor hatte. Größere Oberfläche bedeutet für die Mikroorganismen mehr Angriffsfläche zur Besiedelung und somit schnellere Zersetzung. Jetzt wird auch verständlich, dass selbst die Art der Zerkleinerung von Gartenabfällen eine Rolle spielt, denn die Zersplitterung des Häckselgutes zu faseriger Form (zum Beispiel durch Walzenhäcksler) ist für die Kompostierung effektiver als das reine Zerschneiden in Brocken (zum Beispiel durch Messerhäcksler).

Die einfachste Form der Zerkleinerung von Gartenabfällen ist die mithilfe einer Gartenschere. Je nach Abfall ist eine Bypassschere (für weicheres und lebendes Material) oder eine Ambossschere (für härteres, totes Material) besser geeignet. Kraft sparend sind solche mit Ratschensystem. Bei mehr oder größerem Geäst nutzen Sie besser eine Teleskop-Astschere (Amboss- oder Bypasstechnik). Deren Vorteil gegenüber einem Nicht-Teleskopgerät besteht darin, dass Sie mithilfe der ausziehbaren Griffe den günstigsten Hebel stufenweise einstellen können.

www.kompostsieb.de   Andrea Arnold/Fotolia.com   Maria Lanznaster/pixelio.de

Mit dem richtigen Handwerkszeug und guten Geräten erspart man sich viel Arbeit.

Von Hand zerkleinerte Gartenabfälle sollten auf 5- bis 10-Zentimeter-Stücke zerschnitten werden. In dieser Größe sind sie für den Kompost gut geeignet.

Nützliche Häcksler

Bequemer als das Zerschneiden mit der Schere, was bei Ungeübten regelmäßig die Sehnenscheiden beansprucht, ist mitunter das Zerhacken all der im Garten anfallenden Stiele, Halme und Zweige

Wenn sehr viel Schnittgut gehäckselt werden muss, kann ein Dienstleister die Arbeit übernehmen oder man leiht sich ein schlagkräftiges Gerät aus. (Foto: Karl-Heinz Laube/pixelio.de)

mit einem Beil. Hier leistet ein Gartenbeil mit Beilkopf in „Krumpholz-Form" mit seinen nur 180 Gramm Gewicht meist bessere und bequemere Dienste als ein 600 bis 1250 Gramm schweres Handbeil mit Beilkopf in klassischer „Rheinischer Form". Mit Leder-Schneidenschutz am Halfter kann man ein solches Gartenbeil sogar wie eine Gartenschere (circa 250 Gramm) am Gürtel mit sich führen.

Fallen im Garten regelmäßig häufiger oder aber saisonal viele Gehölzabfälle an, lohnt der Einsatz eines Gartenhäckslers (auch Schredder genannt, von engl.: shredder). Häcksler werden nach Motorleistung, Antriebsart (Elektro- oder Verbrennungsmotor) und Zerkleinerungsmechanismus (Messer-, Walzen-, Wendel- oder Schlegelhäckselwerk) unterschieden.

Das leisten Häcksler

1 Häcksler der unteren Leistungsklasse reichen aus für das Häckseln von Zweigen bis etwa 3 Zentimeter Stärke.

2 Die mittlere Leistungsklasse zertrümmert noch Äste bis zu 12 Zentimeter Durchmesser.

3 Profigeräte schreddern auch 40-Zentimeter-Stücke problemlos.

Zur Vorbereitung von Kompostiergut im Garten sind Walzenhäcksler gut geeignet. Mit verbesserter technischer Ausreifung sind zunehmend aber auch Wendelhäcksler interessant, die ähnlich wie ein Fleischwolf gebaut sind. Größtes Plus dieser Geräte: Sie ermöglichen meistens ein sehr leises Häckseln.

Soll der Häcksler über Gehölzreste hinaus alle Gartenabfälle zerkleinern können, sollte er dazu vom Hersteller als ein Universalhäcksler ausgewiesen sein.

Neben dem Häckslertyp und dem erforderlichen Verwendungszweck, also der Art des Abfalls, den Aststärken, sind beim Kauf oder der Ausleihe eines Häckslers noch weitere Kriterien im Auge zu behalten, nämlich die Durchsatzleistung, also die Häckselleistung pro Stunde, sowie die einfache und vor allem sichere Bedienbarkeit, einschließlich der Lautstärke im Gerätebetrieb. Denken Sie daran: Gerade auf größeren Grundstücken haben Geräte mit Verbrennungsmotor den Vorteil, dass sie ortsunabhängig vom Stromnetz einsetzbar sind.

Unterschiedliche Hersteller preisen bei ihren Modellen oftmals das eine oder andere herausgehobene Marken-Ausstattungsmerkmal. Doch im Vordergrund steht immer, wofür Sie das Gerät benötigen. Achten Sie beispielsweise nicht allein auf die höhere Motorleistung (Leistungsaufnahme in Watt), sondern vielmehr auf die „am Häckselgut ankommende Kraft", also das höhere Drehmoment des Motors. Es mag Ihnen an dieser Stelle als aufwendig erscheinen, mit dem „mal eben schnell" Kompostieren so viel Technik in Verbindung zu bringen. Doch letzten Endes verhilft diese Technik dazu, so „schnell und einfach" wie nur eben möglich zu kompostieren. Dazu leisten sinnvoll ausgewählte Gerätschaften besser ihren Beitrag, als mühevoll ohne sie auskommen zu müssen.

Rechen, Sauzahn und Kartoffelgabel gehören zur Grundausstattung im Garten.
(Foto: bARTiko/fotolia.com)

Krautige und strohige Gartenabfälle sowie Laub können Sie statt mit einem Gartenhäcksler auch schnell und einfach mit dem Rasenmäher (Fangkorb anbringen) zerkleinern. Dazu die nicht zu regennassen Abfälle einfach auf Rasen, Hoffläche oder Einfahrt ausbreiten und ein- bis zweimal mit dem Mäher überfahren. Das ist auch bei größeren Herbstlaubmengen sehr nützlich!

Ansetzen und umsetzen

Sofern Sie einen Kompost nicht als offene Miete anlegen, benötigen Sie als Grundgerätschaft einen Kompostbehälter oder Komposter. Das im Garten eingesammelte und zum Kompostplatz gebrachte Abfallmaterial wird dort anschließend Schicht für Schicht auf dem Kompost aufgetragen. Da es sich ja um kleines oder zerkleinertes Kompostiergut handelt, geschieht das üblicherweise einfach von Hand. Wo größere Mengen davon anfallen oder wo nasses mit trockenem Kompostiergut zuvor vermengt wird, nehmen Sie dazu eine Spatenschaufel („Amerikanische Form"), eine Randschaufel („Kohlenschaufel") oder eine Pferdemistgabel zur Hand.

Im Laufe der Zeit ist es empfehlenswert, den Kompost zur Förderung seiner Rotte ein- oder zweimal (dann im Abstand von drei bis vier Monaten) umzusetzen. Dabei wird er erneut gemischt, bei Bedarf gewässert und eventuell mit Algenkalk zur Anreicherung von biogenen Mineralstoffen und Spurenelementen, oder Gesteinsmehl zur Nährstoffbindung versetzt. Um die weitere Umsetzung zu fördern, mischt man jetzt leicht zersetzbares Grüngut unter, wie angewelktes Rasenmähgut. Diese Arbeiten gelingen am leichtesten mit einer Gartengabel (dreizinkig) oder einer Spatengabel (vierzinkig). Beide haben breite Zinken, was bei dieser Arbeit nützlicher ist als runde Zinken. Gabeln sollten stets geschmiedet und nicht aus Gusseisen oder geschweißt sein, weil bei denen Zinken abbrechen können!

Beim Umsetzen des Komposts wird spürbar, wie nützlich es ist, den Kompostplatz ausreichend groß dimensioniert zu haben. Dann nämlich können Sie den Rohkompost einfach von einer auf die andere Seite schichten und müssen ihn nicht doppelt in die Hand nehmen, um ihn zunächst umzusetzen und ihn dann an seinen Platz zurückzuverfrachten.

Den Komposthaufen umzusetzen ist mit Arbeit verbunden, die sich aber lohnt.
(Foto: lucentius/istockphoto.com)

Kompost sieben und ausbringen

Den reifen Kompost sieben – ist das wirklich erforderlich oder aber eine unnütze Arbeit? Das hängt vor allem davon ab, wie sorgfältig die Vorarbeiten durchgeführt wurden. Feinkörnige Komposterde wird dann entstehen, wenn die zu kompostierenden Abfälle bereits im Vorfeld gründlich zerkleinert und danach in einem passenden Mischungsverhältnis in nicht zu dicken Schichten kompostiert wurden.

Um kleinste Mengen Kompost zu sieben, reichen Handsiebe aus, für größere Mengen verwendet man am besten ein Durchwurfsieb.

Für häufigeres Absieben größerer Kompostmengen oder für mehr Bequemlichkeit sind Gartenrollsiebe sinnvoll. Bei nur geringer Leistungsaufnahme des Elektromotors sieben Sie damit bis zu etwa 3 Kubikmeter Kompost pro Stunde. Trommelkomposter mit Siebeinsatz sind wohl die komfortabelste „all-in-one"-Lösung (siehe Seite 64). Will man mit dem Kompost keine (dort nützlichen) Engerlinge in die Beete einbringen, wo sie gern auch

Durchwurfsiebe können Sie aus einem Holzrahmen mit Maschendrahtbespannung (Sechseckgeflecht oder punktgeschweißter Gitterdraht, jeweils 13 oder 25 Millimeter und kunststoffummantelt) selbst bauen.

an lebenden Pflanzenwurzeln knabbern, empfiehlt sich das Sieben auf jeden Fall.

Rohkompost oder Reifekompost entnehmen

Zum Entnehmen von Rohkompost aus der Kompostmasse empfiehlt sich eine Grabegabel. Um fertigen Kompost aus einer reifen Miete zu lösen, ist eine Dunggabel mit ihren rechtwinklig gekrümmten Zinken hilfreich. Abgesiebtes Grobmaterial fügen Sie einfach wieder der Rotte zu. Zum Entnehmen von Reifekompost aus einem Komposter ist dagegen eine leicht gewölbte Schaufel (Spatenschaufel „Amerikanische Form"), eine Randschaufel („Kohlenschaufel") oder eine Pferdemistgabel sinnvoll. Sollte das Material verdichtet sein, lösen Sie es mit einer Grabegabel, Spatengabel oder mit einem Spork. Eine Wölbung oder ein Rand sind sehr hilfreich bei Schaufeln. Bei Geräten ohne ärgern Sie sich bei jedem Schaufelstich über die große Menge Kompostgut, die Ihnen von der beladenen Schaufel herunterrieselt. Doppelte Arbeit!

Schiebkarre, Grabegabel und Schaufel sind erforderlich, um Kompost grobwürfig im Garten auszubringen. Für feineres Ausbringen verwenden Sie eine Kompostschaufel; mancher mag dazu intuitiv seine Pflanzkelle nehmen wollen, aber die Kompostschaufel hat den höheren Rand.

Die richtige Menge

Da es mit der Ausbringung des Komposts zugleich immer auch um eine Düngung des Bodens geht, sollten die empfohlenen Aufwandmengen für unterschiedliche Gartenkulturen eingehalten werden. Das gelingt Ihnen leichter, wenn Sie anfangs einen 5- oder 10-Liter-Eimer mit innen markierter Literangabe verwenden, um die erforderliche Kompostmenge auszubringen. Weil das Arbeiten mit dem Eimer bei größer flächigen Arbeiten aber zu fummelig ist, werden Sie hierbei sicher stattdessen die Schaufel zur Hand nehmen. Messen Sie dann mithilfe des Eimers zuvor ab, wie viel Volumen Kompost die Schaufel in etwa fasst. Dazu passen die optischen Faustmaße für einen Quadratmeter Gartenboden: Je nach Ihrer Schuhgröße ergeben drei bis vier Fußlängen einen laufenden Meter; ein Spatenstiel misst meist gut 110 Zentimeter, ein Schaufelstiel etwa 120 bis 140 Zentimeter.

www.kompostsieb.de

Pixelot/fotolia.com

Кирилл Рыжов/fotolia.com

Zum Düngen ist feine Komposterde besser geeignet als zu grobe. Deshalb muss gesiebt werden.

Gesunder Boden –
gesunde Pflanze

VERMIGRAND

Dipl.-Biologe Karl-Heinz Schäffner/VHS Völklingen

VERMIGRAND

Sabine Weiße/pixelio.de

Peter Smola/pixelio.de

Riccardo Franke/pixelio.de

Wie Boden entsteht

„Es gibt in der ganzen Natur keinen wichtigeren, keinen der Betrachtung würdigeren Gegenstand als den Boden! Es ist ja der Boden, welcher die Erde zu einem freundlichen Wohnsitz der Menschen macht; er allein ist es, welcher das zahllose Heer der Wesen erzeugt und ernährt, auf welchem die ganze belebte Schöpfung und unsere eigene Existenz letztlich beruhen."
Friedrich Albert Fallou (1794–1877), Wegbereiter der modernen Bodenkunde

Der Boden – für viele ist das nur die Fläche, auf der wir stehen. Manche sehen in ihm nur den „Dreck", den wir uns von den Gartenschuhen waschen müssen. Doch im Boden steckt so viel Gutes. Unsere Vorfahren haben den Boden stets voller Respekt und Ehrfurcht als Mutter Erde bezeichnet. Lange Zeit haben wir den Boden aus den Augen verloren. Reine Luft, klares Wasser – und wie wird der Boden beschrieben? Es gibt nur eine Antwort: Lebendig!

Erde entsteht aus Stein!

Am Anfang steht der nackte Stein, aus dem die Erdkruste aufgebaut ist. Das Klima sorgt für den Zersetzungsprozess zur Erdbildung, denn Regen und Sauerstoff sorgen für die Verwitterung, Hitze und Kälte zermürben ihn. Wasser und Wind mahlen und schleifen ihn ständig weiter, bis er zu kleinen Körnern wird. Aber erst durch das Leben wird aus der verwitterten Gesteinskruste der Boden. Die eigentliche Bodenbildung beginnt erst mit der Besiedelung durch Mikroorganismen.

Was Böden ausmacht

Böden unterscheiden sich in ihrem Aufbau, also ihrer Struktur und Zusammensetzung, und in ihrer Mächtigkeit oder Schichtstärke. Verantwortlich für die jeweilige Bodenentwicklung sind Ausgangsgestein, Klima, Vegetation, Wassergehalt, der Zeitraum der Bodenentwicklung und die Lage (zum Beispiel an einem Hang oder in einem Flusstal). Die unterschiedlichen Bodenarten nennt man auch Bodentypen.
Sogar Pflanzen tragen bedeutend zur Bodenbildung bei. Zu den ersten Pflanzen, die Gesteine, ihre Verwitterungsprodukte, und frühe Rohböden besiedeln, den sogenannten „Pionierpflanzen", gehören Moose und Flechten. Wird der Boden ein paar Millimeter tiefgründiger, siedeln sich sofort auch „höhere Pflanzen" an, zum Beispiel Kräuter und Gräser. Selbst kleinste Pflanzen geben aus ihren Wurzeln Säure ab und lösen somit Mineralien aus dem Gestein, die sie wiederum selbst zum Wachsen brauchen.

Über lange Zeit hinweg – die Natur hat Zeit! – löst auch die Säure aus den Pflanzenwurzeln Teile aus Gesteinen heraus. Obendrein sprengen in Ritzen und Gesteinspalten hineingewachsene Wurzeln diese Gesteinsöffnungen immer weiter auf. Aus der sogenannten Pflanzenstreu (das ist abgestorbenes Pflanzenmaterial) entsteht der Humus, der sich als oberste Bodenschicht mit dem Mineralboden vermischt.

Die Bodenarten

Sand-, Lehm- und Tonböden, die drei wichtigsten Bodenarten, sind in ihren jeweiligen Eigenschaften sehr verschieden – nicht zuletzt durch das jeweils unterschiedliche Ur- oder Muttergestein bedingt.

Meistens kommen die drei Bodenarten allerdings nicht in „Reinform" im Garten vor, sondern in „gemischter Form", zum Beispiel als lehmiger Sand, sandiger Lehm oder toniger Lehm. Selbst auf der Fläche eines größeren Ackers trifft man nicht selten verschiedene Bodentypen nebeneinander an.

Lehmböden sind feiner gekörnt als Sandböden. Sie haben ein gutes Speichervermögen für Nährstoffe und eine ausgeglichene Wasserspeicherfähigkeit.

Tonböden sind besonders feinkörnig, deshalb auch dicht und porenarm. Dieser Umstand und die hohe Wasserhaltekraft bewirken ein eher geringes Bodenleben. Durch die Struktur der Tonkörnchen sind sie aber auch in der Lage, Nährstoffe gut zu speichern und später wieder freizugeben.

Sandböden sind vergleichsweise grobkörnig. Zwischen ihnen bilden sich größere Poren als zwischen feinkörnigeren Bodenarten. Das macht sie sehr durchlässig und verleiht ihnen einerseits ein geringes Wasserspeicherungsvermögen, andererseits erwärmen sie sich leicht, kühlen aber auch schnell aus. Nährstoffe wie Stickstoff, Kalzium oder Kalium werden aus Sandböden rasch ausgewaschen.

Machen Sie die Fingerprobe

Mit den Fingern können Sie für den Hausgebrauch problemlos selbst die Bodenart des Gartens bestimmen.

So geht's

1 Boden befeuchten und zwischen Daumen und Zeigefinger verreiben.

2 Je nachdem, wie sich der Boden anfühlt, kann man eine Zuordnung zu einer Bodenart vornehmen: Fühlt sich ein Boden grobkörnig an und kann er auch nach leichtem Anfeuchten nicht zu einer „Wurst" gerollt werden, wird er als sandig eingestuft.

3 Ganz anders ist ein lehmiger Boden: Er ist weich und kompakt und lässt sich problemlos rollen! Fühlt sich ein Boden sehr fein an und lässt er sich zwischen den Fingern mehlig fein zerreiben, dann wird er als „schluffig" oder „tonig" eingestuft.

Den Boden erfühlen

Bodenart	Bezeichnung	Ton-Anteil in %	Fingerprobe – Beurteilung des Bodens
Sehr leicht	Sandboden, schwach lehmiger Sand, schluffiger Sand	0–8	Nicht bindig, nicht form- und ausrollbar, hat sehr wenig Feinsubstanz; lässt man Wasser darüberlaufen, wird der Finger sauber
Leicht	Mittel lehmiger Sand, stark lehmiger Sand, sandiger Schluff	6–17	Leicht schmierig, schlecht formbar, nicht klebend, etwas bindig/mehlig; lässt man Wasser darüberlaufen, bleibt am Finger etwas Boden kleben
Mittel-schwer	Sandiger Lehm, toniger Schluff	10–25	Mittelbindig, etwas klebrig, formbar, aber rissig, haftet am Finger, auch wenn man Wasser darüberlaufen lässt
Schwer	Schluffiger Lehm, toniger Lehm, Ton	> 20	Bindig, zäh-plastisch, klebrig, gut form- und ausrollbar, Sandkörner kaum fühlbar; wenn man Wasser darüberlaufen lässt, bleibt der ganze Boden am Finger haften

Jede Pflanze hat ihre besonderen Ansprüche an den Boden. Deshalb sollte man wissen, welche Bodenart im Garten vorherrscht. (Foto: blende40/fotolia.com)

Der Wasserglastest

Für einen anderen Versuch, um festzustellen, um welchen Boden es sich im Garten handelt, brauchen Sie nur ein Glas Wasser und eine Handvoll Erde. Rühren Sie diese Mischung mit einem Löffel kräftig durch und warten Sie, bis sich die Teilchen zu setzen beginnen.

Leichter Sandboden sinkt rasch auf den Grund des Glases. Die Flüssigkeit darüber hebt sich weitgehend klar und wenig getrübt ab. Pflanzen leiden auf diesem Boden schnell an Durst und Hunger. Deshalb sollte die leicht körnige Erde mit Humus und bindigen Substanzen angereichert werden. Kompost, Tonmehl und Rindenhumus eignen sich dazu sehr gut.

Schwerer Lehm- oder Tonboden mischt sich mit dem Wasser und färbt es trüb erdfarben. Nur grobe Teile sinken auf den Glasgrund. Pflanzen haben die größten Schwierigkeiten, ihre Wurzeln in die dichte Erde wachsen zu lassen. Sie erreichen eine Bodenverbesserung durch das Beimischen von Sand, Gründüngung, Kompost und Rindenhumus.

Humusreicher Gartenboden setzt sich auf dem Boden des Glases ab. Das Wasser ist erdbraun gefärbt, bleibt aber durchsichtig. Auf der Oberfläche schwimmt eine dunkle Humusschicht. Gemüse, Obst und Zierpflanzen gedeihen darin fast von selbst!

Boden – das Multitalent

Der Boden übernimmt wichtige Aufgaben und Funktionen. Er bildet nicht nur die Grundlage für unsere Ernährung, er selbst ist Lebensraum für die Bodenbewohner und Pflanzen. Zudem filtert er Schadstoffe und kann dadurch – bis zu einem gewissen Grad zumindest – das Grundwasser schützen. Schließlich speichert er Regenwasser und hilft so, Überschwemmung vorzubeugen.

Die unterste Schicht eines Bodens besteht aus dem unverwitterten Ur- oder Muttergestein. Die darüber liegende Mineralschicht enthält viele Pflanzennährstoffe und ist das Wasserreservoir für Pflanzen. In der Humusschicht findet die Kompostierung statt. Der sogenannte Dauerhumus entsteht dabei durch die Verbindung von Tonmineralien mit organischen Stoffen. Er macht den Boden zur Speisekammer der Pflanzen.

Wir treten ihn mit Füßen, und doch ist er so unendlich wertvoll. Der Boden liefert Wasser, Nährstoffe und gibt den Pflanzen Halt. (Foto: maho/fotolia.com)

Zauberformel Humus

Ohne Humus – das sind alle Stufen zersetzten organischen Materials – wäre der Boden kein Boden; es bliebe nur Sand, Lehm oder Ton! Dieses zersetzte Material bildet zunächst labile organische Produkte, die man als Nährhumus bezeichnet. Die daraus entstehenden stabilen Substanzen, der sogenannte Dauerhumus, ist besonders wertvoll. Sie verbinden sich mit den Tonmineralien des Bodens zum Ton-Humus-Komplex (siehe Seite 34), einem langfristigen Nährstofflieferanten und Garanten für Bodenfruchtbarkeit.

Als Bodengare – den Idealzustand eines Bodens – bezeichnet man dabei die feinkrümelige Bodenstruktur: locker und bestens durchlüftet, nährstoffreich und mit optimalem Wasserhaushalt. Humusreiche Böden unterliegen viel weniger der gefürchteten Erosion, also dem Abtrag von feinsten Körnchen, und sind Temperaturschwankungen weniger intensiv ausgesetzt. Insofern hat der wertvolle Humus eine Schutzfunktion für den Boden. Gesunder Boden, gesunder Kompost, gesunder Humus, das heißt auch pestizidfreier Boden, denn zugeführte Pflanzenschutzmittel schädigen das Bodenleben.

Wussten Sie übrigens, dass allein in 0,3 Kubikmeter Erdreich unter anderem 2,5 Billionen Mikroorganismen, 1 Million Fadenwürmer, 5 000 Rädertiere, 100 Käferlarven, 80 Regenwürmer, 50 Schnecken, 50 Spinnen und 50 Asseln leben? Jeder dieser winzigen Bodenbewohner trägt mit seinen Aktivitäten zur Fruchtbarkeit des Bodens bei.

Bodenpersonal im Dauereinsatz

Bakterien sorgen für die Umwandlung von Nährstoffen, während Strahlenpilze als ausgesprochene Zersetzungskünstler für den Humus bekannt sind. Regenwürmer verbinden Boden und Humus zum sogenannten Ton-Humus-Komplex (siehe Seite 34), der Basis für einen fruchtbaren Boden. Der Boden entsteht somit aus der Arbeit vieler Helfer. Trotz der guten Arbeit entwickelt sich Boden stets langsam – sehr langsam. Die Menge an Erde, die wir ausheben, um zum Beispiel einen Baum zu pflanzen, hat viele Jahrhunderte benötigt, um „Boden" zu werden. Um genau zu sein: 15 000 Jahre dauert es im Durchschnitt, bis ein Meter Bodenschicht entsteht.

Gute Beziehungen

Seit mehr als 450 Millionen Jahren leben Pflanzen gemeinsam mit Mikroorganismen auf der Erde. Da kennt jeder jeden –

das heißt: Es haben sich zwischen ihnen komplexe Beziehungen und Lebensgemeinschaften entwickelt. So geben Pflanzen über ihre Wurzeln einen hohen Prozentsatz ihrer Kohlenstoffverbindungen (wie etwa Zucker und andere Kohlenhydrate) direkt in den Boden ab. Das wirkt auf den ersten Blick wie die reine Verschwendung, hat aber erstaunliche Vorteile. Die Pflanze stellt damit bestimmten, nützlichen Bakterien und Pilzen Nahrung zur Verfügung und lockt sie damit regelrecht zu ihren Wurzeln. Für die Pflanze ergeben sich daraus mehrere Vorteile. Die angelockten und ringsherum an der Wurzel wachsenden Mikroorganismen versorgen die Pflanze mit zusätzlichem Stickstoff, Phosphor und anderen Nährelementen. Doch nicht nur das: Sie schützen die Wurzeln obendrein vor Krankheitserregern.

Im Boden leben unzählige Bakterien. Sie haben eine mittlere Größe von 0,5- bis 5-Tausendstel Millimeter. Bakterien und Pilze können Antibiotika produzieren. Es handelt sich dabei um von diesen Organismen gebildete Stoffwechselprodukte und ihre auf natürlichem, chemischem Wege hergestellten Abwandlungsformen. Die Antibiotika wirken antibakteriell, entweder wachstumshemmend oder auf bestimmte krankheitserregende Mikroorganismen abtötend.

Kompost erhöht den Humusanteil im Boden, schafft ein lockeres Bodengefüge und fördert das Bodenleben. (Foto groß: beerfan/fotolia.com; Foto klein: VERMIGRAND)

Bacillus subtilis

Das häufigste Bodenbakterium ist das Wurzelbakterium *Bacillus subtilis*. Es ist ein circa 2 bis 4 Mikrometer langes, stäbchenförmiges Bakterium, das sehr widerstandsfähige Sporen bildet, die zum Beispiel Temperaturen von mehr als 100 Grad überleben können. Seit über zehn Jahren laufen Forschungsarbeiten zur Nutzung dieses Bakteriums als biologisches Pflanzenschutzmittel beziehungsweise als Pflanzenstärkungsmittel und zur Unterstützung des Umwandlungsprozesses im Komposter. In wissenschaftlichen Studien konnte dabei nachgewiesen werden, dass *Bacillus subtilis*, einmal in den Boden eingebracht, bemerkenswerte Wirkungen gegenüber einer Reihe von Krankheiten zeigt, bei Kulturpflanzen das Pflanzenwachstum fördert und unter dem Strich ertragsfördernde Effekte bewirkt. Hinzu kommt, dass die Pflanzen widerstandsfähiger gegen bestimmte Krankheitskeime werden. Stoffwechsel-

Das Bodenbakterium Bacillus subtilis ist als Stärkungsmittel für Pflanzen äußerst nützlich. (Foto: www.biotaurus.de)

produkte der Bakterien spielen bei der Wurzelbesiedlung die entscheidende Rolle, da sie helfen können, den Standort für die Pflanze und damit ihr bestmögliches Wachstum zu optimieren. Sie machen gebundene Nährelemente für die Pflanzen verfügbar!

Kompost-Personal-Trainer

Dass gerade Bodenbakterien bei der Kompostierung eine enorm wichtige Rolle spielen, ist wissenschaftlich längst bewiesen. Doch die Umsetzungen dieser Erkenntnisse im Garten mit *Bacillus subtilis* oder Effektiven Mikroorganismen (siehe Seite 59) werden von vielen Zeitgenossen noch immer mit „Argusaugen" betrachtet. Viele nämlich verbinden mit dem Begriff Bakterie immer noch die Vorstellung von Krankheiten für Mensch oder Pflanze. Dabei wissen wir es jetzt doch besser: Es gibt Bakterien, die im Garten einfach nur Gutes tun!

In diesem Zusammenhang sind verschiedene biologische Kompostbeschleuniger durchaus sinnvoll einsetzbar. Die enthaltenen Mikroorganismen beschleunigen nämlich den Kompostiervorgang und aktivieren wichtige Nährstoffe. Sie bringen damit den Kompostiervorgang in Schwung und sorgen für schnelles und unkompliziertes Kompostieren.

Unter dem Begriff Kompoststarter werden im Fachhandel verschiedenste Produkte angeboten, die den Rotteprozess im Komposthaufen richtig in Schwung bringen sollen. Die Wirkung dieser „Impfmittel" ist

Mit Kompoststartern kann der Rotteprozess im Kompost beschleunigt werden. (Foto: www.biotaurus.de)

so unterschiedlich wie ihre Zusammensetzung. Sie können Bakterien sein oder Mikroorganismen, Mineralien, Gärfermente, Stickstoff, Kräuter oder Kräuterauszüge. Diese Präparate werden flüssig oder fest angeboten und sollten nach Angaben des Herstellers eingesetzt werden. Das geschieht durch die Vermischung mit dem Kompostmaterial oder man streut beziehungsweise gießt den Kompoststarter über den Komposthaufen. Übrigens: Bei Untermischung mit reifem Kompost kann man dieselben Erfolge erreichen.

Eine ganz besondere Beziehung

Es handelt sich hier somit um eine perfekte „Liebesbeziehung", die allen Beteiligten Vorteile bringt. In der Biologie wird das als Symbiose bezeichnet. So leben also Wurzel und Pilz in einer perfekten Lebensgemeinschaft zum Gesamtwohl der Pflanze. Dank dieser Teamarbeit ist sie immer bestens ernährt und deutlich resistenter gegenüber Krankheiten und Schädlingen. Zudem können extreme Witterung oder extreme Bodenstandorte besser überstanden werden.

Nicht unerwähnt bleiben darf, dass auch in puncto Mykorrhiza das alten Sprichwort gilt: Keine Regel ohne Ausnahmen. Insbesondere die Familie der Kreuzblütler möchte keinen Wurzelpilz haben. Zu diesen Ausnahmen gehört zum Beispiel der Kohl (Kohlrabi, Blumenkohl, Rot- und Weißkraut, Rosenkohl) aber auch Rettich, Radieschen, Mangold und Lupine. Statt eine Lebensgemeinschaft zu gründen, bleiben sie lieber „Single".

Mykorrhiza und die Pflanze fühlt sich wohl!

Untersuchungen ergaben, dass Pflanzen mit einem starken Wurzel-Pilz-Geflecht nicht nur besser blühen und höhere Ernten liefern, sondern auch pflegeleichter sind. Der Einsatz von Dünger- und Wassergaben konnte deutlich reduziert werden. Bei Rasenflächen hat man festgestellt, dass die Gräser dichter wachsen

und mit einem intensiveren Grün ausgestattet sind.

Auch im Garten profitieren Pflanzen von einer Symbiose mit Pilzen. Einige Anbieter von biologischem Pflanzendünger bieten auch einen Mykorrhiza-Dünger an.

Je breiter das Wurzelsystem umso besser die Wasser- und Nährstoffversorgung. (Foto: 8ran/istockphoto.com)

Zusammenbringen, was zusammengehört

In einer reifen Komposterde stecken viele nützliche Pilze, die sich auf eine Liaison mit der Pflanzenwurzel freuen. Mykorrhizapilze können übrigens auch als Fertigprodukte (www.gluckspilze.com) gekauft werden. Das bedeutet für den Hobbygärtner, dass er seine Pflanzen impfen muss. Dabei werden die Mykorrhizasporen direkt an die Wurzeln oder in das Pflanzloch hineingestreut. Anschließend wird die Pflanze gepflanzt und die Erde gut angedrückt.

Foto: Hilmi istockphoto.com

Register

Bezugsquellen
Österreich

DIE GARTEN TULLN GmbH
Am Wasserpark 1
A-3430 Tulln
www.diegartentulln.at

GARTENleben GmbH
Weitraer Str. 20a
A-3910 Zwettl
www.gartenleben.at

Höhere Bundeslehr- und
Forschungsanstalt für Gartenbau
Schönbrunn in Wien
Grünbergstr.24
A-1130 Wien
www.gartenbau.at

Juwel Österreich
Industriezone 19
A-6460 Imst
www.juwel.com

Umweltschutzverein Bürger und Umwelt
Geschäftsbereich Natur im Garten
Am Wasserpark 1
A-3430 Tulln
post@naturimgarten.at

Tyroler Glückspilze®
Mushroom Production Center GmbH
Karmelitergasse 21
A-6020 Innsbruck
www.gluckspilze.com

VERMIGRAND Naturprodukte GmbH
Kremserstr. 63
A-3462 ABSDORF/Austria
www.vermigrand.com

Bezugsquellen

Deutschland

Backofenbau GmbH Parchim
Bleichertannenweg 16
D-19370 Parchim
 www.backofenbau-parchim.de

Bio Green OHG
Marburger Str. 1b
D-35649 Bischoffen-Oberweidbach
www.biogreen.de

Biologisch-dynamische Präparate GbR
von Bonin und Steiner
Hof Eichwerder 1
D-23730 Schashagen
www.biodynamische-praeparate.de

CvW KG - Biologisch-Dynamische
Präparatezentrale
Brunnenhof
D-75653 Künzelsau-Mäusdorf
C.v.Wistinghausen@t-online.de

FRITZMEIER Umwelttechnik
GmbH & Co. KG
Dorfstraße 7
D-85653 Großhelfendorf
www.biotaurus.com

GARDENA Deutschland GmbH
Hans-Lorenser-Str. 40
D-89079 Ulm
www.gardena.com

Harald und Ilse Kohls GbR
Kohls Umwelttechnik
Mühlenbrink 18
D-32107 Bad Salzuflen
www.kompostsieb.de

W. Neudorff GmbH KG
An der Mühle 3
D-31860 Emmerthal
www.neudorff.de

Juwel
Bahnhofstr. 31
D-82467 Garmisch-Partenkirchen
www.juwel.com

Impressum

avBUCH im Cadmos Verlag
Copyright © 2015 by Cadmos Verlag, Schwarzenbek
Gestaltung und Satz: Georg Lehmacher
Lektorat: Christine Weidenweber, www.verbene.eu
QR Codes gestaltet und zur Verfügung gestellt von
1a-mediaplacement.de - A.Modery und P. Cordes

Cover: Foto groß: mikespics/shutterstock.com; Fotos klein:
oben: VERMIGRAND; Mitte: BasieB/istockphoto.com; unten cjp/istockphoto.com
Foto Rückseite: airborne77/fotolia.com
Druck: Graspo CZ, a.s., Tschechische Republik, www.graspo.com

Deutsche Nationalbibliothek – CIP-Einheitsaufnahme
Die Deutsche Nationalbibliothek verzeichnet diese Publikation in der
Deutschen Nationalbibliografie; detaillierte bibliografische Daten sind
im Internet über http://dnb.ddb.de abrufbar.

Printed in Czech Republic
ISBN: 978-3-8404-7539-9